大是文化

朝 9 時 10 分までにしっかり儲ける板読み投資術

委託單投資法,
開盤10分鐘就賺錢

比線圖更早一步反映股價動向,
每天都能賺一筆。
頂尖營業員破天荒傳授這種個股怎麼找。

年收上億日圓的營業員、
CoCoro 交易研究所所長
坂本慎太郎 —— 著

林信帆 —— 譯

委託單投資法，

步驟 1

開盤前，找出當日委買盤大於委賣盤的個股

- 上午 8 點半開始，檢查個股的委託單資訊。

- 8 點 45 分，記錄買盤旺盛的個股。 200 檔中大概只有 3 至 5 檔適合。

步驟 2

用限價單進場、出場

- 開盤前 5 分鐘用限價單進場，分散買 5 檔個股。

- 馬上尋找適當的賣出時機，在 9 點 10 分前，用限價單獲利了結或同價賣出。

開盤10分鐘就賺錢

獲利口訣

委託單投資法，要謹記這些口訣：

1. 做多不要做空，當日一定要出場，股票絕不擺過夜。

2. 選擇成交量最少 1,000 張以上，價位大約在 60 元到 90 元的股票，而且是正在上漲的資金聚集產業。

3. 為了確保一定可以買到，要用比最多人想買進的價格多 1 元進場。

4. 為了確保一定可以賣出，要用比最多人想賣出的價格低 1 元出場。

5. 設立明確的停損點（ 0.5％ ），有賺就走，發現今天賺不到馬上退場，明日再戰。

CONTENTS

第四章

選股的基本技巧　119

第五章

委託單投資法的實踐技巧　149

第六章

心理比技巧更重要，
比看盤更重要的 10 件事　183

結語

好運氣來來去去，
提升技術才能隨時活用　205

推薦序一
委託單投資法，
大幅提高當沖勝率

知名投資部落客、投資理財書籍作家／艾致富

透過判讀委託單買賣股票，在臺灣其實已經行之數十年，從臺灣股市早期實施電腦交易開始，就出現一派人士專門研究這門學問，而形成所謂的「盤口語言」（按：原指股市投資人常用的暗語）。

他們透過每天的開盤，找尋當日的強勢個股，透過觀察委託單的買賣掛單與成交，來擬定當日要當沖的個股標的；在極短的交易時間內，賺取當日強勢股的價差，累積每天的獲利，成為一筆可觀的利潤。這個學派在股票市場中，成為一門神祕的投資方式，也成為喜愛透過盤中籌碼（按：委買與委賣的數據）做短線交易的投資人，最想學習的方式之一。

在多年前，我很慶幸教到一位學生，他是臺灣的一位盤口（按：即上下 5 檔的最佳報價、即時成交、走勢等）投資大師。根據這位學生所述，他的盤口投資法勝率高達將近九成，我很訝異這樣的一個盤口大師，為何還想再來跟我學習。

經過一陣子的深談之後，我終於看出透過盤口投資法，雖然能有極高的勝率，但也有一個缺點，就是無法賺取波段大財富。

不過，我認為這樣的操作方式，其實只要經過一些修改與其他方式的輔助，不但不會與波段投資出現衝突，甚至更可以相輔相成。於是我們最後討論出一個可以截長補短的方式，讓整個盤口投資法不但能有高勝率，更能擁有高獲利。

由於本書的交易場所為日本的交易所，所以提供的實務案例也是以日本的個股為主，投資人應該明白，不同國家、不同交易所之下，股票的投資方式也會因環境不同，而有所差異。雖說如此，仍無礙於本書作者，願意分享解讀委託單買賣股票的神祕世界。讀者可以透過作者的分享，了解到原來每日開盤前、後，短短的10、20分鐘，只要藉由觀察委託單的買賣，也能創造出相當高的勝率與不錯的極短線獲利。

作者也不吝嗇的分享了實務的訓練與操作方式，而不單純只是闡述理論，這更可以幫助臺灣的讀者，透過一些自我的觀察與調整，建立一套適用於台股的委託單投資法。

臺灣的投資人向來喜愛短線或當沖交易，然而投資人一定要清楚，越低的賠率就要有越高的勝率，當沖交易由於是賺取短線財，因此在獲利遠不及波段或長線投資法的情況之下，勢必需要擁有比波段或長線投資法更高的勝率才是；而本書的方式，正好可以幫助短線投資人提高勝率。透過觀察委託單的掛單，不但可以大幅提高當沖勝率，倘若買到當天非常強勢而漲停鎖住的個股，更有機會連續賺取幾天的快速短波段財富，很值得推薦給喜愛當沖的投資朋友們。

推薦序二
要靠投資法賺錢，
還得備好利器及正確心態

全臺最大投資教學平臺「玩股網」執行長／楚狂人

大多數人都有領兩份薪水的夢想，有些人甚至更進一步想成為職業投資人。這些夢想很真實也很夢幻，因為我都嘗試過。

我曾經有 7、8 年就是靠投資理財的收入過活，這種日子看起來很爽，但其實壓力很大，因為投資損益是浮動的，你今天賺錢，明天可能就會賠錢。但是無論賺錢或賠錢，每月的開銷都不會變，小孩的學費、房貸、老婆的零用錢都不會減少，只會越來越多。所以當投資開始失利，這一週賠錢、下一週也賠錢，一個月、兩個月連續虧損的時候，壓力就會變得非常大，一般人根本無法忍受。

所以我非常建議，在你沒有存夠一整年的生活費之前，不要輕言辭職、改行當職業投資人。反而應該趁有工作的時候，除了穩定的工作收入以外，多利用投資賺另一份薪水，這也就是本書告訴你 10 分鐘內就賺錢的價值。

書中除了教你如何在開盤 10 分鐘之內賺錢的技巧，我覺得還有一個重點，就是作者提醒，一定要準備好自己的（看盤）裝備，也要做好備案，這在我的交易生涯中，也碰過很多次類似的

情況。例如，網路要有備案，網速要最快，如果網路壞掉，是不是立刻可以改用手機上網；再例如，如果遇到停電，是不是已經準備好不斷電系統，如果電腦壞掉，是不是另外有設備可以供你下單。

這些情況都得要預先設想，做好萬全的準備。很多人在生財工具上省錢，這真的很不聰明。你想，只要出一次問題，也許就是幾萬元到幾十萬元的損失，足以囊括所有設備改用最頂級的錢了。由這一點也可以知道，作者是真正在靠交易獲利的。

另外，我很喜歡本書最後一章談到心理層面的部分，其中有一點是「已虧損的部位嚴禁留過夜」，這個錯誤是很多散戶一犯再犯的。之所以會留過夜，就是因為想賭一把，看看今晚美股能不能收高，或是希望天上掉餡餅，突然爆出好消息。但帳上既然會虧損，就代表原先的看法有錯，以金融交易的特性來說，時間是趨勢的好朋友，小虧損只會隨著時間演變成大虧損，很少有虧損轉賺錢的情況。

所以，**我覺得光是從本書學到這個觀念，就已經得到書價的一萬倍價值了**。當然，最有價值的，還是作者平時操作的經驗，要觀察哪些數據、不觀察哪些數據，雖然有部分調整後會更適合台股，但只要有了方向，入門也會比憑空想像要容易得多。

我一直覺得，每個人都應該靠投資理財賺到第二份薪水，這本《委託單投資法，開盤10分鐘就賺錢》是個不錯的起點，適合想要練習股票當沖的投資人。

作者序
委託單投資法，每天都能賺一點

　　我曾是證券公司的股市自營營業員，也曾在知名壽險公司，擔任股票和債券的基金經理人。

　　本書針對想提高投資勝率、以達成短期獲利的散戶，介紹依據我個人經驗延伸出的「委託單投資法」。

　　委託單投資法是指解讀委託單（Order Book）的委買、委賣量，也就是看盤軟體或網站上，依價位顯示的委買和委賣數量進行操作。因為委託單會瞬間反映投資人的買賣單，所以能即時了解個股的供需狀況。

　　對於想炒短線的投資人來說，只要搞懂委託單怎麼看，就算不懂其他的技術指標也沒關係。

　　本書會傾囊相授我的投資技巧，內容包含解讀委託單的基礎、提高委託單解讀能力的練習方法、如何找尋適合用委託單投資法的個股與具體的操作方式、風險管理，以及實踐的技巧等。

　　此外，對投資人來說，投資股票時，心理層面比技巧更重要。關於這個部分，我也會透過自身經驗，為各位講解。

　　委託單投資法是以短期交易為中心，但針對想要中長期持有的散戶，本書也會詳加解說。

早上9點起，短短10分鐘就能定勝負

從上午 9 點、股市開盤後開始操作，**10 分鐘後就落袋為安**，這種當日沖銷術，最適合工作忙碌的上班族。而且這種開盤 10 分鐘就定勝負的投資法，對散戶來說，勝率也會比較高。

每天小賺一點，每月交易 20 天，就能獲利 10 萬、20 萬日圓。每個月為自己加薪，不再是夢想！

當然，為了達到這個目標，就必須學習相關的投資技巧。因為光靠運氣，無法在股市獲勝。只要反覆練習，你一定能賺到設定的獲利目標。

投資小知識

當日沖銷

是指一日內針對同一件投資標的，透過買賣的方式，達到沖抵、結清的方式。具有以下特點：

· 當日一買一賣的結清，不需要任何本金，只需要依據差價計算應支付或獲利的金額。
· 因為是當日結清，可以避免股票留在手上過夜的風險（政治或天災、美股動盪）。
· 用融資或融券的方式買賣、更有彈性。

條件：

· 開立受託買賣帳戶滿 3 個月、最近 1 年內委託買賣成交達 10 筆以上。
· 要與證券商簽訂相關的風險預告書與委託書。

投資小知識

委託單資訊哪裡找？

　　以臺灣證券交易所網站為例，只要連上證券交易所網站（http://www.twse.com.tw/zh/）後，可在首頁輸入欲瀏覽的個股訊息，連到該個股頁面後，點選「行情資訊」中的「5 檔資訊」，在下拉頁面中即可看到，離目前股價最近的 5 檔交易資訊。

資料來源：臺灣證券交易所網站。

資料來源：臺灣證券交易所網站。

（續下頁）

委託單投資法，開盤10分鐘就賺錢

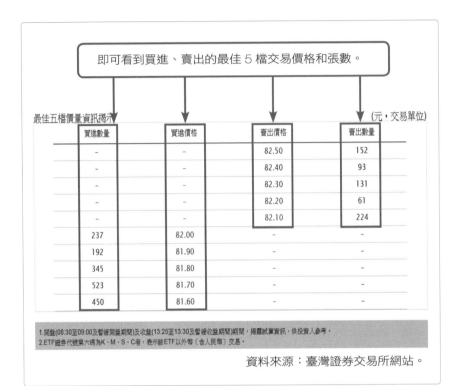

即可看到買進、賣出的最佳５檔交易價格和張數。

最佳五檔價量資訊揭示　　　　　　　　　　　　　　　　　　　(元，交易單位)

買進數量	買進價格	賣出價格	賣出數量
–	–	82.50	152
–	–	82.40	93
–	–	82.30	131
–	–	82.20	61
–	–	82.10	224
237	82.00	–	–
192	81.90	–	–
345	81.80	–	–
523	81.70	–	–
450	81.60	–	–

1.開盤(08:30至09:00及暫緩開盤期間)及收盤(13:25至13:30及暫緩收盤期間)期間，揭露試算資訊，供投資人參考。
2.ETF證券代號第六碼為K、M、S、C者，表示該ETF以外幣（含人民幣）交易。

資料來源：臺灣證券交易所網站。

第一章

我是年收1億日圓的營業員，為何轉攻委託單投資法？

1 | 我拿 200 萬日圓入市，養活了我大學生活

我開始對股票感興趣，是在讀幼稚園的時候。

「怎麼可能！」想必很多人會這麼想，但我說的是事實，這種幼稚園兒童，感覺很老成吧。

對股票感興趣的幼稚園兒童

家裡的報紙，是我開始對股票感興趣的契機。當時在公文式教育機構（按：日本教育機構，也提供學齡前教育供幼兒上課）上課的我，對文字很有興趣，常會不經意的翻看家中報紙。某一天，當我一頁一頁翻閱時，突然看到一個讓我疑惑的版面，整個版面上都是數字。

讀到這裡，你大概知道這個版面是什麼吧。沒錯，就是股市版。那份報紙不是《日本經濟新聞》，我想應該是《朝日新聞》吧，總之，是什麼報紙不重要。

我的父母從來沒買過股票，也沒有親戚靠股票投資致富。所以現在回想起來，我可能也算是某種與家族基因不同的突變吧。

所以，我會對股市感興趣，真的是偶然。我現在也不知道，為何當時的我會如此著迷。但自從我看到那滿是數字的版面後，每天看報紙時，都會不經意的掃過股市版。

玩任天堂紅白機遊戲，學會股市機制

我對股市投資抱持更進一步的興趣，是在小學三年級。因為當時任天堂的紅白機（按：Family Computer，任天堂發行的家用電視遊戲機）出了一款股票投資的遊戲（按：《松本亨の株式必勝学》）。我記得遊戲的監修者是股市評論家松本亨，他現在已不在人世了。

對老一輩的日本股票投資人來說，松本亨是個非常令人懷念的名字。他是股市評論家，同時也是股市業界報社 —— 日刊投資新聞社的老闆。在大家眼中，他是親近野村證券的人物，因為他會在自己經營的報紙上，大肆介紹野村證券推薦的個股。他曾大量收購 1994 年上市的 JT 股（按：日本菸草產業株式會社）而蔚為話題，但經營的報社之後大幅式微，本人也在失意中過世。

但這個遊戲真的讓我著了迷。我藉由遊戲，反覆買賣虛擬的股票，進而學會信用交易的機制。「原來用信用交易，可操作的金額能大於自己手中持有的現金，好厲害。」我還記得，當時的我十分興奮。這是在日本進入泡沫經濟時期前一刻的事情。

而在 1980 年代後期，當時還是小六學生的我，已經開始畫線圖。看著自己畫的圖表，一度還覺得：「哇，日經平均指數高得嚇人啊。」

大學生活費不夠，只好投入股市

到了國中和高中這段期間，我比較沒那麼關心股市投資。因為我迷上了樂團和網球等活動，算是普通的國、高中生。

我再次關心股市，已經是上大學之後的事。那時我從九州到東京讀大學，雙親會寄生活費給我，但還是不夠用，所以我很努力打工。可是工作的內容都很單調又枯燥乏味，就在我想著該怎麼辦時，不經意浮現腦海的，就是投資股票。

當時我已經年滿 20 歲，可以在證券公司開戶。於是，我開始努力賺本金。記得我靠賭馬和柏青哥賺了 100 萬日圓，然後在咖哩餐廳上大夜班、存了 100 萬日圓，合計籌了 200 萬日圓，便跳進了股票市場。

當時還沒有網路證券公司，所以我在實體證券公司開立帳戶。沒多久之後，網路證券公司出現了，所以我改用 MONEX 證券。一直到現在，我個人所從事的股市交易，主要都是透過這家公司。

剛開始，我的操盤方式不像現在這樣、靠「解讀委託單」反覆做超短期交易，而是以一個月到三個月為單位運轉。

我不曾一次賺到一大筆錢，但由於開始投資的時間點，正值網際網路泡沫熱潮，所以我的投資績效很好。

一開始我買的股票是三井礦山（現NIPPON COKE & ENGINEERING）。當時它是水餃股，所以我才能用很便宜的價位買入，畢竟我的資金只有 200 萬日圓，無法買太貴的股票。

之後，我沒有選網際網路泡沫中受歡迎的高科技股，而

是主攻軟體概念股。主要買賣了電通國際情報服務株式會社（ISID）、JBCC Holdings 株式會社（JBCC）、東洋商務工程株式會社（Toyo Business Engineering）等個股，其他還有機械設備概念股吧。當時我只是覺得投資滿有趣的，但其中日揮公司的漲勢相當驚人，另外我還買了 Japan Energy（現在的 JXTG 控股公司），漲了兩倍就出清變現。

在這個階段，我還是初學者，所以覺得「玩股票，就是要看基本面」，然後以《會社四季報》（按：由日本東洋經濟新報社發行，專門介紹上市企業或投資信託等金融資訊）為主，拚命學習企業分析。

那時的我多少會看委託單，但不會想應用在交易上。總之，當時我的投資判斷，就是聚焦在公司基本面。

即便如此，我大學的學費和伙食費等生活費用，都能靠股市投資的獲利支應，所以當時的股市環境應該算很好。

在發生 911 事件之前的兩年間，我靠 200 萬日圓的資本，獲利了 1,000 萬日圓以上。總而言之，我算是非常幸運的。

2 | 營業員的世界，超乎想像的乏善可陳

但這樣的幸運，沒有持續太久。

2001 年 9 月 11 日，美國發生恐怖攻擊事件，全球股市重挫。日本在那之後，金融動盪更加嚴重，股價一直無法重振雄風；日經平均指數在 2003 年 4 月時，一度跌到 7,603 點。（按：至 2018 年 7 月，日經平均指數已回升到 22,000 點以上。）

大學畢業後返鄉就業

此時我還未進入證券公司，只是在一般企業工作的普通上班族。後來因為個人因素，不得不回老家福岡，所以到了一家總公司位於福岡，已在東京證券交易所市場第一部上市的某製粉公司任職。

我原本想成為基金經理人或營業員，但就算能進證券公司，當上營業員的機率也只有千分之一；想要去資產管理公司擔任基金經理人，也是一道非常窄的門。再加上進入證券公司後，就沒辦法操作自己的股票。既然這樣，不如先到一般企業任職，暫時當業餘投資人比較好，於是我才會回福岡就業。

剛開始我覺得工作非常有趣。進公司後的研習期間，我在製麵廠負責做拉麵和烏龍麵。主要是搭配其他公司的湯頭，製成在車站或機場販售的伴手禮拉麵。當時我很喜歡這份工作。

但轉調到大阪後，那裡的上司經常用職權騷擾員工，曾經要我花一整天，打掃只有兩個馬桶的廁所。

此時我開始覺得這家公司很無趣，所以決定提出辭呈。

初出茅廬的營業員

幾乎是在同一時期，我剛好在 2channel（按：類似臺灣的電子布告欄 PTT）看到有人貼文說：「赤木屋證券正在招募營業員。」我覺得這是一個機會，於是打電話過去，表明自己想從事這份工作，對方也很爽快的要我先過去看看，於是我接受了面試，這是 2002 年 8 月的事情。

第一次面試時，我展現了十足的幹勁。到了第二次面試，對方問我：「你改變心意了嗎？」我回答：「完全沒有。」於是對方當場就錄取我。

之後我參加證券外務員（Sales Representatives）的考試，在2002 年 11 月正式成為營業員。

證券公司的營業員都活在什麼樣的世界？應該有不少人對這一點感興趣吧。營業員的世界好像很光鮮亮麗？其實我剛開始也這麼認為，但其實超乎想像的乏善可陳。基本上是學長學弟制，而且盤中的買賣會很忙碌。我剛當上營業員時，所有買賣交易單都要用手寫，再輸入下單系統，等於要做兩次工，所以打錯數字

之類的狀況，實在無可避免。

　　隔天早上匯整前一天的交易時，常會出現實際下單數和成交件數兜不攏的狀況，此時交易會中斷到數字兜攏為止。這種因錯誤造成的損失，會成為部門的連帶責任。

　　大家通常都想靠成交量獲利，而上午盤開盤的成交額會最高，所以老實說，不會有人想遇到匯整錯誤、導致上午盤無法交易的狀況，但錯單真的很難避免。

投資小知識

日股與台股的開盤時間

　　日本股市分上午盤和下午盤，分別為：

　　上午盤：9 點開盤，11 點 30 分收盤。

　　下午盤：中午 12 點 30 分開盤，下午 3 點收盤。

　　中間午休 1 小時。

　　台股則是上午 9 點開盤，下午 1 點 30 分收盤。

---

3 | 從第一線消失的營業員
不計其數

嚴格來說，營業員每天都有業績目標，規定要獲利多少。

每天早上 9 點開始交易，總經理在每天早上和下午收盤時，會跑來詢問所有營業員的獲利狀況。

這時，你很難說出「一毛錢都沒賺到」這句話，所以會下意識的謊報業績說「賺了 10 萬日圓」或「 20 萬日圓」等，在主管詢問時丟出一個實際上根本沒賺到的數字，這在日本業界用語中，稱為「亂放槍」。

謊報業績後，你會覺得應該有辦法賺到這筆錢。但隨著交易結束時間一分一秒逼近，這時如果你一直賺不到業績目標，那股焦慮可不是開玩笑的。要是不拿出實際業績，讓剛才謊報的業績成真，在收盤時就會穿幫：

總經理：「你謊報業績吧？」

營業員 A：「我不清楚。」

總經理：「你說謊。」

營業員 A：「我真的不清楚。」

總經理：「那這個爛攤子，你要怎麼收拾？」

營業員Ａ：「我辭職。」

就像這樣，我認識幾位營業員，就此在第一線消失。自營營業員的工作，說穿了，就是用公司的錢買賣股票獲利。因為在這個時期，特別是我待的地方證券公司，已經很難光靠經銷散戶的股票買賣，或仲介投資信託買股維持，必須靠自己買賣股票獲利。所以才會匆忙募集營業員。赤木屋證券在全盛時期，曾經僱用了70名營業員。

觀察學習、自己動手

新人研習？根本不可能，這是一個靠觀察學習，然後自己動手的世界。新手營業員有一定的寬限期，只要別一直搞出嚴重的停損，赤木屋證券會照顧你一年。

因為這樣，當時我雖然很想早一點賺取獎金，但還是決定先花一年，反覆嘗試該怎麼做才能賺大錢。

4 獎金加固定薪資，我曾月薪破百萬

營業員的業績，會依證券公司而異。但每月要達成的目標，通常會落在 100 萬日圓左右。

營收的底線是每月 100 萬日圓

但這 100 萬頂多是固定成本，只能用來支付自己最低限度的薪資，以及維持公司的費用。如果連續幾個月，業績都未達 100 萬日圓，用不了多久，就會回家吃自己。想吃營業員這行飯的話，每月必須創造超過 100 萬日圓的營收。

還有一點也會依證券公司而異，針對超過固定成本的營收業績，每家公司都會決定一定比例的獎金（分紅）。底薪加分紅，就決定一個營業員的每月薪資。

假設獎金是 **40%**，賺到 **200 萬日圓**營收的話，
（**200 萬日圓 － 100 萬日圓**）× **40%** ＝ **40 萬日圓**。

這筆獎金會加到底薪之中，若底薪是 20 萬日圓，兩者相加，月薪就有 60 萬日圓左右。

赤木屋證券的小內幕

我首次以營業員身分任職的赤木屋證券，是家很有趣的公司。現在該公司已經繳回證券商許可證、不存在了。

不經營證券公司之後，你猜他們在做什麼？他們在原本總公司所在地的東京日本橋開了一家咖啡店，而且還是一杯咖啡1,000日圓的高級咖啡店。

在星巴克的全盛時期，赤木屋之所以想開咖啡店，是有理由的。我聽說那塊土地原本要求住戶搬遷，建物預定在三年後拆毀，所以赤木屋才會趁這三年開咖啡店。現在這家店已經收了，赤木屋也變成了赤木屋控股公司，專營不動產管理。

擔任營業員第二年，月收就突破 100 萬日圓！

話題拉回我的營業員新人時代。

我大概花了 7 到 8 個月，才讓月營收達到 100 萬日圓。

當時，新手能持有的額度，是每檔股票 1,000 股，所以不會有太大的損失，但也不會有巨額獲利。公司會藉由限制股數控管風險，避免新手營業員造成重大損失。

而當我每月能固定獲利 100 萬日圓後，才終於獲得上司的同意，得以稍微增加買賣的股數。同時，我感受到的外在壓力也越

來越強烈。

　　上午盤結束後，我和其他營業員閒聊時，總經理會走過來問我今天業績如何。

　　「抱歉，目前是虧 2 萬日圓。」

　　因為我前一天也虧錢，所以總經理聽了之後說：「你昨天不是也虧錢嗎？」讓我感到不小的壓力。但奇妙的是，當時我不覺得那是壓力，我就是如此喜歡這份工作。

　　現在就算是個人的信用交易，也能用相同的保證金多次買賣，不過當時個人戶一天只能進行一次信用交易。然而證券公司的營業員，一天可進行好幾次，這讓我非常愉快。

　　經過一年後，我的月營收能做到 150 萬日圓到 200 萬日圓，所以底薪加獎金後，月薪接近 100 萬日圓。

　　而且當時的赤木屋證券為了降低固定成本，員工可在下午 4 點下班。只要有獲利，下午 4 點就能離開公司，再來就是逍遙自在的飲酒作樂，一家接一家。

投資小知識

信用交易與現貨交易的差異

	信用交易	現貨交易
操作方法	以自有資金或持股等作為擔保品，向證券公司借錢或借股票，再去投資股市。	100％ 利用自己的資金買賣股票，是最基本的模式。
獲利模式	・融資（借錢）買進股票，股價上漲之後賣出持股還款。 ・融券（借股票）賣出股票，股價下跌後買進股票回補。	只要賣出價格高於買進價格，就能獲利。

5 | 25 歲月薪達 3,000 萬日圓

我和赤木屋證券說再見的日子很快就到了。

當時我光是月獎金，就曾經拿過 1,000 萬日圓。相對的，獲利和損失的波動也很大，40 人賺的營收，也會因為我一個人的損失而歸零。

憧憬某前輩營業員而跳槽

這麼一來，就算再會賺錢的營業員，公司也會因為風險變高而有所限制。

老實說，這讓我操作起來更綁手綁腳，我自己想追求進一步成長的念頭也越來越強烈，所以我便請辭、跳槽到木村證券。會換到這家證券公司，是因為我尊敬的前輩在這裡工作。他是一名自營部位（按：持有額度）很大，而且會勇於進行投機交易的營業員。

木村證券比較好的地方在於，獎金最多可到 65%。假設獲利 1 億日圓，當月的獎金收入，就會高達 6,500 萬日圓。而且，每月付 200 萬日圓的保證金，最多可持有 5 億日圓的部位，財務槓桿是 250 倍。

自掏腰包填補 3,000 萬日圓的虧損

這樣的交易方式玩得很大，但獲利也相當驚人。我在 25 歲弱冠之年，月收就達到 3,000 萬日圓。當然也會有虧損的月份，但年收還是超過了 1 億日圓。

只不過，這家公司有一個恐怖的規則，就是虧損時必須自掏腰包填補損失。而我在大賺特賺的最後，因為活力門事件（按：2006 年由日本活力門公司的醜聞所引起的事件，不僅造成活力門企業的股票暴跌，日本股票市場也連帶慘跌）跌了一跤，損失3,000 萬日圓，所以我用儲備的保證金填補虧損後，便又跳槽到其他的證券公司。

新公司是岡三證券體系的三晃證券，但因為分紅方面發生一些爭執，我只待 3 個月就辭職了。

接著我到了山和證券，在那裡待了兩年。最後他們希望我擔任講師，但報酬方面談不攏，既然這樣，我只有辭職一途，於是便提出辭呈。

之後，當我正在思考往後要做什麼時，我注意到一個同樣是交易股票的工作，而且是我從以前就很想嘗試、卻一直沒付諸行動的基金經理人。

6 | 專挑買盤冷清個股的厲害營業員

我當上營業員後，每天都在買賣股票，而證券公司內其實有各種類型的營業員。首先，有所謂的做多和做空，前者以多頭部位為中心獲利，後者則剛好相反。

投資小知識

做多與做空

做多：意指看好股票會上漲，先買進股票，待上場後再賣出獲利。此時買進的股票稱為多頭部位。

做空：覺得股票會下跌，故先向券商借股票賣出，待下跌後再買回還給券商。此時借入的股票稱為空頭部位。

這兩者營業員，哪一種比較多？即便能自由持有空頭部位的營業員，還是以做多為主。做空的比例，我想只占所有營業員的一到兩成。做空營業員的特徵就是停損較慢，其實他們是故意的。當時還有下移檔位限制，不能以低於目前成交價的價位放空。

投資小知識

下移檔位限制

downtick rule，指放空的價格不能夠比前一筆的成交價低。例如，若某個股的最新成交價為 75 元，投資人只能以 75 元或更高價格放空。

一次賣掉後、股價反而上漲時，你會想停損、再把它買回來，但如果再次下跌，就很難賣掉。這很正常吧。從空單下手後，如果因股價回升而停損，就算該股繼續下跌，你在精神上也很難再出手做空，所以要放空不容易。

而做空營業員賣掉股票後，就算股價些許反彈，也會無視、繼續堅持。做空營業員獲利時，那筆金額會讓做多營業員望塵莫及，所以能快速獲得巨額的利益。但開始反彈時如果跑太慢，股市最後進入漲勢的話，就會造成非常巨大的損失。

關於這一點，看線圖就知道，股價上漲的速度很緩慢，但轉跌時會一口氣直落。因為買方占大多數，所以只要股價一度轉跌，恐懼就會在投資者之間擴散，所有人會爭先恐後的想落袋為安，所以下跌的能量會變得十分巨大。

因此想短時間賺大錢的人可以做空，但問題正如前述，必須等待下跌的時機，因為投資失利時，損失也會變得非常巨大。反之如果是做多，好處在於隨時都能賣。賣掉後如果反彈，只要再買回就好。

兩者比較來看，初學者想做當沖（按：即當日沖銷）時，要從做多開始才合理。

刻意挑選買單冷清的個股，理由是……

此外，想做當沖等短期買賣時，通常要選買盤熱絡的個股來交易，但我的前輩裡頭，有人會刻意挑選買單冷清的個股。我第一次聽到他的交易方式後，真是大吃一驚。

詳細內容會在第四章解說，之所以會吃驚，是**因為我在挑選個股、炒短線時，會盡量挑買盤熱絡的投資標的。**

「為什麼前輩要挑買盤冷清的個股？」我無論如何都想知道這個祕密，某次便不由自主的發問。

買盤冷清代表股價轉跌時，可能會有賣不掉的風險。我極度不想承擔這種風險，可是前輩的表情卻仍舊一派輕鬆，在認知該風險的情況之下，專門交易買盤冷清的個股。他簡單回了我一句話：「買盤冷清，所以不會有人賣啊。」這句話真是讓我恍然大悟。

我之前為了讓自己隨時都能脫身，所以都選買盤熱絡的個股。而這位前輩的邏輯，則是「買盤冷清的個股很難脫手，所以不會有人賣，股價也較穩定」，因此才會專挑這種買盤冷清的個股交易。

偶爾會有投資人順勢拋售，股價如果因此下跌，是因為突來的賣單，這種時候只要進場買進就好，這就是他的心態。

聽到這番話，我覺得這就是股市的縮影。股價因為異常賣單

而產生變動時，進場買進才是獲利的基本。

　　想到這一點，我覺得這位前輩的交易方式，可說是終極的委託單投資法吧。就算現在沒買盤，等到股價下跌、買盤自然就會湧現。前輩就是基於這種想法，先買下部位，這是進階版的解讀委託單交易，所以前輩會分散投資 30 檔、50 檔股票。

　　他會買進許多個股，這位前輩在早上 8 點、幾乎沒有委託單的時候開始，就已經看了幾百檔股票的盤。接著在收盤後，他會再看幾百檔股票。靠這樣累積幾千日圓到 1 萬日圓的小利益，創造出一日營收。

　　到目前為止，介紹了職業股市營業員的厲害技巧，接著將會為各位介紹，即便是專業營業員也慘遭滑鐵盧的故事。

$ 我的投資筆記

　　初學者利用委託單投資法時，要盡量挑買盤熱絡的投資標的。

7 | 「所有人立刻拋售！」
——我親身經歷的恐怖故事

我認識一名後進營業員，是一名非常優秀的人才。我當時也覺得，他未來很有前途，但他的投資波動性很高，所以主管不是很喜歡他。不過等到他逐漸提升營業員的資歷後，能購買的股數也跟著增加。

有行無市的股票不能碰

某天，他不知道從哪裡得知，前述那位專挑買盤冷清個股的前輩營業員的方法，自己也想要跟進模仿。

「從今天開始，我的自營部位有 1 萬股，我也要如法炮製、獲利看看。」話一說完，他立刻砸錢買了 1 萬股流動性低的個股。當然在交易量少的狀況下，股價不斷上升，該名後進一臉得意的說：「已經有高達 20 萬日圓的潛在獲利。」

這時經理跑過來說：「你不要做這種無視委託單的買法。你買了之後，要賣給誰？」話剛說完，市場立刻賣單高掛，最後經理下令全部拋售。

這個教訓告訴我們，有行無市的股票不能碰。

得意忘形到處亂買，結果股價暴跌

再說另一個故事，這是發生在 2003 年的事。

日本寫真印刷這家公司，開發了任天堂掌上遊戲機 DS 的觸控面板後大獲好評，不僅企業成名，連股價也跟著暴漲。股價從 800 日圓攀升到 900 日圓後，市場開始出現奇怪的買單。

用高於市價的價位購買，大家就會跟進。當時證券公司的其他營業員也在說「這檔股票感覺不錯」，於是大家拚命的買。之後這個模式成功了好幾次，最後股價被炒到 1,500 日圓。1,500 日圓就是所謂的整數關卡，因為是個不拖泥帶水的數字，所以市場開始出現賣單。

但得意忘形的我們，根本不在乎那些賣單，所以很自然的，大家又開始用 1,500 日圓的價位進場，覺得股價會從這裡一飛沖天，藉此大賺一筆。

接著，其中一名營業員下單購買。此時，公司內的所有營業員，也都不約而同出手買了那檔股票。

大家一直在等它漲，但從此時開始，買單就不再出現。「嗯？怎麼回事？」當我們正覺得奇怪時，股價竟然開始慢慢回跌了。

當時我彷彿聽見，所以人在心中大喊：「慘了！」

眾人真的是提心吊膽的看著股價走勢，交易所內鴉雀無聲，氣氛如此緊張。就算有一點賣單，都會讓股價下跌，因為大家得

意忘形，所以買進的股數比平常還多，損失恐怕也因此變得相當巨大。

　　我們那一層樓，有人光是跌了一點，就會「嗚哇」的叫出聲來。到了最後一刻，上頭下令「所有人拋售」，我們也一口氣開始掛賣。

　　股價當然是大跌了。

　　我也一樣持有這支股票，但這種時候必須有人負責殿後。最後，等到公司所有營業員都賣完之後，我也開始拋售。

8 ｜ 營業員重短期操作、基金經理人靠長期布局

現在回歸正題，來聊聊我改行當基金經理人的故事。

其實基金經理人是我以前就想做的工作之一。我的營業員朋友中，不少人也有同樣的想法。

但想從營業員換跑道到基金經理人時，不知道為什麼，幾乎所有人都會在求職過程中失敗。在我認識的人當中，最後沒有半個人成功轉行。

營業員為什麼很難改行當基金經理人？

我覺得其中肯定有某種原因，後來我先到人才仲介去登錄後，接受了資產管理公司的就業測驗，結果真的一家都沒考上，理由是「做短期買賣的人，基本上不符合本公司的理念」。

到底哪裡不符合，光是這樣的答案，我無法接受。於是我聯絡人才仲介，拜託他們：「希望你們盡量問出對方拒絕的理由，我想要應用在下一次求職中。」

但最後，我只得到「只重短期的思考，不符合基金經理人的

工作性質」。

同樣是投資股市，但基金經理人是基於長期思考買進部位，所以像營業員習慣的短線操作，無法達成基金經理人那種風格的投資。

即便如此，我還是跳槽成功了

或許的確是這樣。我在不斷嘗試轉行的過程中，與某位同是營業員的朋友閒聊：「我們是不是太瞧不起基金經理人這份工作了？」的確如此。反過來說，我們也會對想從基金經理人轉行到營業員的人說：「我不會害你，你還是放棄當營業員，繼續當基金經理人比較好。」

事實上，偶爾會有人成功的從經理人跳槽、成為營業員，但幾乎賺不到什麼錢。換句話說，我走進基金經理人的世界後，也一樣會被瞧不起。

經過反省，等到下一個金融機構面試時，我便回答：「的確，我覺得對基金經理人來說，營業員抱持的短期思考不是好事。所以進公司後，我會慢慢修正。我明白這兩種人是完全不同的工作，我打算重頭開始學習。」

於是我得到了日本郵政保險公司（按：JAPAN POST INSURANCE，日本郵政集團之下的保險公司）的內定資格。當時這家公司才剛民營化，所以人手不足；而且和其他的資產管理公司相比，不需要具備相關的先進知識或技術。我想，這也是我得到內定的原因之一。

不過，我分發的部門是債券管理。大概是因為對方問我想去什麼部門時，我回答「盡量能和金錢有關的部門」的緣故。該部門有日本國債、地方債、公司債等債券交易，而我負責的，則是地方債和公司債的部分。

投資小知識

債券的種類

　　當機構缺少資金，便可發行債券向投資人借錢。債券通常與股市的相關性低。

　　‧公債：可分為國債券（由中央銀行發行）、地方債券（地方政府發行），風險最小。

　　‧金融債券：由金融機構發行的債券。

　　‧公司債：由企業發行的債券，風險最大，但收益可能也最大。

9 ｜ 絕無僅有的兆級資金管理

就這樣，我踏出了基金經理人的第一步，但實際從事這份工作後，我發現必須要操作的金額非同小可。

老實說，我幾乎沒有時間挑選債券。我的確會買進，但以比喻來說，是用以下這種方式：「在小池子裡丟一顆大石頭，但是不要激起漣漪。」

我當然不是每天都在進行這種大筆金額的交易，但如果某天突然要砸一筆大錢入場，恐怕會讓市場價格震盪。因為衝擊過大，可能會讓價格暴漲或暴跌。

此時我得觀察市場的反應，進行心理戰，而這種心理戰可說是活用了我在營業員時代的經驗。

狂掃被拋售的債券

我擔任基金經理人時，曾經歷過雷曼風暴，其影響也擴及日本的債券市場。

日本郵政保險公司並未持有受到雷曼風暴影響而喧騰一時的債券，但其他法人投資機構大概是因為沒有餘力負擔風險，紛紛拋售持有的債券。

以債券市場的常識來看，通常不管怎麼拋售，野村證券最後都會扮演造市者（Market maker），這會讓債券市場瀰漫一股安心感。但野村證券當時也沒有那種餘力，市場的仲介功能呈現半毀壞的狀態。

於是我從拋售的投資人手中，瘋狂收購物美價廉的債券。還有一件事也是發生在雷曼風暴後，當時原本預定發行公司債的 TDK 公司和豐田汽車（TOYOTA），也因為市場壞到極點，被逼得一度想暫緩發行。

經過詢問，我得知他們的發行條件是國債殖利率加上 0.65％ 左右的優質條件。大家原本擔心，雷曼風暴後會二次觸底，但我冷靜評估條件後，決定承擔風險。透過這次發行，也讓公司債市場逐漸恢復平穩。

動用如此大筆資金的經驗，恐怕是前所未有。畢竟是以兆為單位的資金運用，動用的金額有多大，想必各位應該不難想像。

提升長期投資技巧的絕佳場域

我擔任債券經理人的時候，也擔任股市的策略師。過了一年，又被任命為股市的基金經理人。

日本郵政保險公司是累積長期思考和投資知識的絕佳場域。除了有證券公司的業務會提供報告，還會有分析師專程來訪、提供資訊，這裡真的能獲得許多日本國內市場的相關資訊。

另外在這裡也能學會邏輯思考，這是因為在日本郵政保險公司，要向主管說明時最重視的就是邏輯，調查如果不確實，簡報

也不會獲得認同。

如果你說出「大概是這樣」這種含糊說法，得到的回覆肯定是「重新調查一次」。這一點，真的讓我受教不少。

就算靠短期交易獲利，在某些地方還是要具備長遠思維，這在理解市場整體框架上，也非常重要。

年收入減少至 25 分之一

接下來要聊一個比較世俗的話題，就是我的年收也隨之大幅減少。

我在營業員時代、獲利最佳時，年收入曾達到 1 億日圓，但進入日本郵政保險公司後，只剩下 400 萬日圓，只有當時的 25 分之一。不過，只要過著符合收入的生活就好，如果長期維持這樣，也可以自己掏錢投資股市，所以生活上沒有遇到什麼困難。

而且該公司的員工宿舍設備也相當充足，又位在東京都內的飯田橋、九段、六本木、赤坂和中目黑等一級地段。宿舍幾乎都有停車場，房間的大小會依入住家庭的人數而異，3 人的話將近 20 坪，四人的話約 24 坪，能用相當便宜的價格入住。

當時我覺得，有這麼好的員工福利，年收只有 400 萬日圓也無妨；更重要的是，我能一覽擔任營業員時，大概不會接觸到的長期投資領域。光是這樣，就是很好的經驗。

10 | 創辦投資學校，教人解讀委託單

　　就這樣，我從短期資金運用到長期投資，體驗過證券投資中不可或缺的世界——股市和債券後，最後決定獨立創業。我想創辦一間之前一直在計畫的投資學校。

　　但內人禁止我靠當沖維持生計。大概是因為，她不喜歡我在營業員時代的生活，收入的波動實在太大。而且就算要創辦投資學校，收益也不會一開始就十分亮眼，所以內人告訴我，在現金流穩定前，不准獨立創業。

　　於是我在千葉縣買了一塊土地，鋪設太陽能發電板。那段時期剛好因為福島核災，使得太陽能發電等再生能源受到矚目。

　　當時發電 10 瓩以上的太陽能發電，適用保證優惠價格制度（feed-in tariff，簡稱 FIT）。之後 20 年，政府會用 38.88 日圓的固定價格收購每一瓩的電，我認為這樣便能獲得穩定的現金流，所以才涉足太陽能發電。另外我也買了幾間套房，開始做不動產投資。就這樣，我確保了現金流。

　　再來就是住所。離開日本郵政保險公司後，就不能住在員工宿舍，所以我搬家了。那時我恰巧在東京都心的高層大樓，找到

屋齡 15 年的便宜物件，所以決定重新裝潢後搬入。

　　透過這些方式，我終於獨立創業。現在我以「解讀委託單投資法」為主，傳授散戶短期交易的訣竅。本書會從第二章解說這些訣竅。

第二章

委託單投資法的基本原理

1 ｜ 比技術分析更早一步 預判股價動向

如各位所知，股價時時刻刻都在變動。

所以想在股市獲利，只要知道股價未來的走勢就無人能敵，誰都能變成有錢人。但在現實中，我們無法精準預測股價的未來變化。

基本上，沒人知道豐田汽車的股價，今後會漲還是會跌。但投資人卻都想預測未來。為此，才會用基本面或技術面分析，想盡可能精確的預判。

比線圖更早一步反映股價動向

投資股市，特別是想靠短期投資獲利時，就必須比任何人早一步掌握股價變動的徵兆。換句話說，就是從某個資訊中，嗅到這檔股票今後的股價變化，再比其他投資人更早進場布局。

股價變化的徵兆，會顯示在基本面或技術面。當然，基本面也是形成股價的重要因素之一，但炒短線的投資人會在財報公布前，透過市場風聲等消息，先判斷何時該買進、賣出。這種市場

參與者的盤算，也會影響股市的供需，進而帶動股價。

這些資訊會呈現在 K 線等線圖上，所以線圖的反應比基本面還要快。正因如此，做搶帽子（按：指在當日買進賣出、賺取差價）或當日沖銷的短期投資客，重視技術面大於基本面。他們會以獨有的觀點做技術分析，企圖比其他投資人更快看出股價變化的徵兆。

但你是否知道有一種方法，能比技術分析更快掌握股價動向？那就是本書的主題——**委託單投資法**。

在網路上買賣股票的人，肯定看過交易畫面上刊載的委託單資訊，但大部分的人或許只會漠然的看著數字變動。

這實在太可惜了。其實委託單會出現一些徵兆，能比線圖更早反映股價動向。移動平均線、一目均衡表（按：由單日 K 線及五組參數組成，可做簡單的趨勢判斷）、指數平滑異同移動平均線（MACD）、相對強弱指標（RSI）等，技術指標有各種類型，但解讀委託單資訊，能比這些指標更早一步預判股價動向。

只要懂得解讀委託單的方法，就不需要學習判讀其他的技術指標，這種說法一點都不誇張。

交易集中的證券市場才適用

還有一點，我認為是委託單投資法的大前提——交易集中的證券市場，才能從委託單資訊預判股價動向。

日本的證券市場存在著「交易所集中原則」，大部分的股市交易都集中在東京證券交易所（按：臺灣的股市交易則集中在臺

灣證券交易所，請參照第 58 頁）。概算一下，可以說有九成以上都集中在這裡。

以美國的證券市場來看，當然有紐約證券交易所，但同時也有各種私營交易系統（簡稱 PTS）會進行多種交易。還有人會在交易所之間做套利（按：利用價差賺取利潤），交易盤有些時候不會確實顯示供需狀況。

當然日本也有 PTS，但不像美國那麼普及。因此目前的狀況也一樣，大部分的交易都集中在東京證券交易所，所以解讀委託單的投資方法是日本、臺灣等地才適用的交易手法，能活用這點獲利的投資人，應該細細品嘗這種意外的幸運。

投資小知識

私營交易系統

Proprietary Trading System，簡稱 PTS，是證券商之間私設的交易所。投資人透過這類系統，便可在非證券交易所的交易時間下單（因為不需要透過證券交易所），因此時間上比較彈性。目前美國及日本都有這項機制。

投資小知識

臺灣證券交易各市場定位

	集中市場	店頭市場	興櫃市場	未上市市場
特性	於證交所上市的股票。	不在集中市場買賣的已公開發行股票；也就是上櫃股票。	已經申報，但還未上市股票的交易平臺。	未上市或上櫃（興櫃）的股票交易市場。
交易方式	交易是由電腦撮合。	除了電腦撮合外，也可在證券商的營業櫃台，以議價方式進行。	透過未上市盤商買賣撮合。	由買賣雙方議價。
優點	交易量大，價格資訊公開、透明，因此容易成交。	交易方式因為是採逐筆撮合，故較能用合理價格成交。	興櫃公司不如集中與店頭市場多，因此資料蒐集與個股選擇上可更精準。	買賣雙方可以自己搭上線，不需要手續費。
缺點	無法提供特別交易契約。	市場資訊較不透明，而且無證交所保障。	容易買到假股票，賣出持股卻拿不到錢。	公開資訊相對來說比較少，投資的風險也大。

2 | 委託單的基本樣貌，日本臺灣不一樣

股價是由供需關係決定。換句話說，也就是買進（需求）和賣出（供給）之間的拔河，需求方強勢的話，股價就會上漲，供給方強勢，股價則會下跌。而供需的強度是由股數決定。

委託單的基本型態

接下來就一邊看買賣盤資訊如何顯示，一邊為各位說明。

各家網路證券公司會提供看委託單的工具。日本的委託單資訊有兩種，一種是買賣單各顯示十筆，另一種是顯示所有資訊。可看見所有資訊的工具，稱為「所有報價」。

附帶一提，我主要使用 MONEX 證券提供的「TradeStation」。只要開設 TradeStation 的帳戶，就能免費看所有報價。（按：臺灣看不到所有報價，只看得見最佳 5 檔報價，可上臺灣證券交易所網站查詢。）

委託單資訊如下頁圖表 2-1 所示，會以數字列顯示。

最中間的是股價，左右的數字是股數。左邊是委賣量，右邊

圖表2-1 日本股票委託單的基本型態

價格	賣氣配數量（委賣量）	買氣配數量（委買量）	出來高
1453	200		
1452			
1451	400		
1450	5300		
1449	200		
1448	13800		
1447	100		
1446	8100		
1445	1600		
1444	13100		
1443	44100		
1442	12500		
1441	66400		
1440	65100		
1439	319000		339000
1438			27400
1437			71700
1436		500	162400
1435		4200	162400
1434		14400	66600
1433		7200	14800
1432		23200	18600
1431		19100	16200
1430		17600	78900
1429		50400	33700
1428		26300	32600
1427		4200	26800
1426		12200	29600

資料來源：MONEX 證券「TradeStation」的畫面。

是委買量。（按：台股的買進資訊通常在左、賣出在右，需要多加留意，請參照右頁圖表。）

　　基本上，想買進的人會想盡量便宜購入，想賣出的人則想盡量以高價出脫，所以日本的委託單會採委賣量在上，委買量在下的方式排列（按：臺灣亦是委賣量在上，委買量在下，可參考右頁圖表）。這是委託單的基本樣貌。

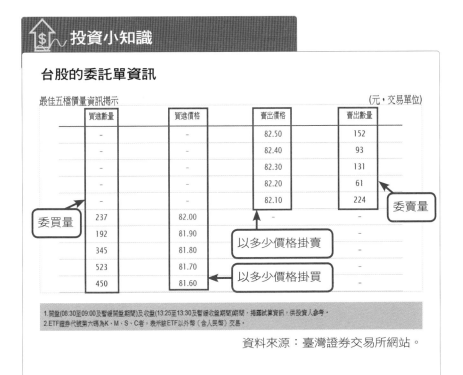

投資小知識

台股的委託單資訊

最佳五檔價量資訊揭示　　　　　　　　　　　　　　　　　　　　　　　（元，交易單位）

買進數量	買進價格	賣出價格	賣出數量
－		82.50	152
－		82.40	93
－		82.30	131
－		82.20	61
－	－	82.10	224
237	82.00	－	－
192	81.90	－	－
345	81.80	－	－
523	81.70	－	－
450	81.60	－	－

委買量

委賣量

以多少價格掛賣

以多少價格掛買

1.開盤(08:30至09:00及暫緩開盤期間)及收盤(13:25至13:30及暫緩收盤期間)期間，揭露試算資訊，供投資人參考。
2.ETF證券代號第六碼為K、M、S、C者，表示該ETF以外幣（含人民幣）交易。

資料來源：臺灣證券交易所網站。

　　（按：臺灣與日本的委託單差異，除了委買與委賣的位置不同之外，臺灣委託單的買進、賣出數量是以張〔每張1,000股〕為單位，日本委託單則是以100股為單位。）

3 | 成交的基準：
價格優先、時間優先

接著，為各位說明買賣成交的機制。

在股市下單後，會有協定的優先順位。首先則是所謂的「價格優先原則」。

投資小知識

價格優先原則

　　如果用限價單（有指定價格的單），賣單中交易價位低的，會優先於價位高的；買單中交易價位高的，會優先於價位低的。

價格成交的優先順位

　　仔細想想，這也是理所當然，賣的人都想高賣，所以交易價位低的，會優先成交；買進則剛好相反，買方都想盡量買便宜一點，所以交易價位高的，會優先成交。

此外，價格優先原則中，「市價單」（不指定價格的單）會優先於「限價單」。換句話說，在此原則中，會透過以下的順序成交：

①市價單。
②交易價位低的賣單，交易價位高的買單。
③交易價位高的賣單，交易價位低的買單。

所以說，無論如何都想成交時，我會掛市價單。
接著是「時間優先原則」。

投資小知識

時間優先原則

同一檔股票、同一價格的限價單，下單時間早的單會優先於下單晚的單（不論買賣單）。

同一價格的限價單，當買賣的數量有差異時，就會有一方剩餘。此時不論買單或賣單，下單時間早的限價單，則會優先成交。

看委託單就能知道買賣時機

想要獲利的話，最好是買在低點、賣在高點。但買賣要成立，就必須要有對象。就算想高賣，如果沒人願意用該價位購買，一樣賣不掉。

能一眼就明白供需狀況的，就是委託單資訊。記住成交的優先順位，就能知道想進、出場時，該用哪種價位，才能盡可能低買高賣。

投資小知識

限價單與市價單的優缺點比較

	限價單	市價單
特性	可依投資人期望，指定希望買賣的價格。	依據市場價格。
優點	以指定價格成交，比較能安心。	可立刻成交，掌握買進機會。
缺點	無法即時回應股價的波動，可能會因此錯失買進良機。	不知道會用多少錢買進或賣出，有高檔套牢的風險，或賣得比想像中還要便宜。

投資小知識

利用限價單與市價單可能遇到的情況

• 限價單（買單）

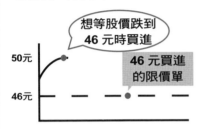

在股價 50 元時下了 46 元買進的限價單，如果股價後來沒有跌到 46 元，就買不到。如果股價從此一路上漲，則失去買進機會。

• 限價單（賣單）

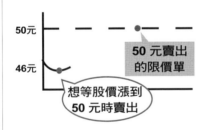

當預測股價不會再跌、只會上漲時，也可以下限價單。例如 46 元買進的股票，下 50 元的限價單賣出等，以確定獲利的限價單。

• 市價單（賣單）

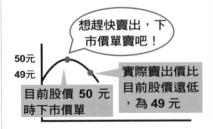

這是賣出的例子，如果是買進，買進價或許會比目前股價還高。因此可能高檔套牢，或賣得比想像中還便宜。

4 | 每天的開盤價是怎麼決定的？

　　每一天的開盤撮合稱為「競價」。在開盤前，就會決定最初的股價。競價的方式，是集合買賣單的市價單和限價單，讓買賣市場彼此靠攏。

股價競價的機制

　　我們一邊對照下頁圖表 2-2，一邊為各位詳細說明。

　　首先，會依價格優先原則，從市價單開始撮合。這裡掛的市價單，是委買 1,500 股，委賣 800 股。（按：日本股市的交易單位依個股而異，分為 100 股和 1,000 股；而臺灣股市的交易單位則為 1,000 股一張，下午 1 點 40 分至 2 點 30 分則可交易不滿一張的零股。）

　　委買 1,500 股－委賣 800 股＝ 700 股

　　相對於委買，委賣量不足 700 股。

圖表2-2 委託單的機制（開盤撮合）

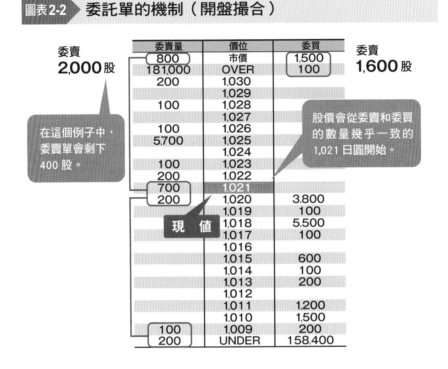

委賣
2,000股

委賣
1,600股

委賣量	價位	委買
800	市價	1,500
181,000	OVER	100
200	1,030	
	1,029	
100	1,028	
	1,027	
100	1,026	
5,700	1,025	
	1,024	
100	1,023	
200	1,022	
700	1,021	
200	1,020	3,800
	1,019	100
	1,018	5,500
	1,017	100
	1,016	
	1,015	600
	1,014	100
	1,013	200
	1,012	
	1,011	1,200
	1,010	1,500
100	1,009	200
200	UNDER	158,400

在這個例子中，委賣單會剩下400股。

股價會從委賣和委買的數量幾乎一致的1,021日圓開始。

現　值

在市價單之後，會依照價格優先原則，從交易價位低的賣單和交易價位高的買單開始成交。

賣單的「區間下限」（UNDER）有 200 股，買單的「區間上限」（OVER）有 100 股（按：區間上、下限的說明請參照第 79 頁）。將這些對照市價，委買有 1,600 股（1,500 股＋100 股），委賣有 1,000 股（800 股＋200 股），所以股數買賣還不一致。

接著是交易價位低的賣單優先，所以我們繼續看下去。

委賣在「1,009 日圓」的有 100 股，「1,020 日圓」的有 200 股，所以委賣合計是 1,300 股，還不足 300 股。

另外「1,021 日圓」有 700 股，所以這 700 股適用時間優先原則，會從先掛的委賣單中，挑出 300 股撮合。因此**開盤撮合的起始價為 1,021 日圓**。而在這個時間點，用 1,021 日圓掛賣的股數，還剩下 400 股。

實務上，系統會自動顯示開盤價，不用自己計算。但如果想挑戰解讀委託單投資，就算有點複雜，也應該先掌握委託單的架構，以及股價形成的機制。

投資小知識

台股交易常用稅率

股票交易時，還得另外支付手續費與證券交易稅：

	手續費	證券交易稅
費率	按成交金額收取 0.1425 ％，買進、賣出股票時都得支付。	按成交金額收取 0.3 ％，只有賣出股票的時候才會課稅。
說明	・交易越頻繁、手續費就會繳得越多。 ・依證券公司規定不同，若以電腦下單或透過電話，通常都會有折扣上的減免。	賣出次數越多，課的稅也越多。

5 | 為什麼要選在 買盤旺盛時交易？

委託單分為買盤旺盛和賣壓沉重兩種。簡單說明如下：

買盤旺盛：
限價買單多（想買的人多），限價賣單少（想賣的人少）。

賣壓沉重：
限價買單少（想買的人少），限價賣單多（想賣的人多）。

買盤旺盛和賣壓沉重的基本型

買盤旺盛會因為想買的投資人多，所以委買單高掛（限價買單多）；但想賣的投資人比較少，所以就沒有幾張委賣單（限價賣單少）。

而賣壓沉重，只要反過來思考即可。換句話說，想買的投資人少，所以委買單少（限價買單少）；但想賣的投資人多，所以委賣單高掛（限價賣單多）。

圖表2-3 買盤旺盛的基本型

委賣	價位	委買
600	910	
	909	
1,900	908	
	907	
	906	
	905	
	904	
	903	4,300
	902	4,100
	901	5,500
	900	6,900
	899	2,200
	898	100
	897	7,800
	896	200
	895	600

限價賣單 **2,500**股

想買的投資人多，所以限價買單多。

想賣的投資人少，所以限價賣單少。

限價買單 **3萬1,700**股

請參照圖表 2-3 和右頁圖表 2-4，觀察實際的委託單，就能夠一目瞭然。

第一步請先掌握買盤旺盛和賣壓沉重會出現什麼傾向，這就是基本型。

為了限定損失，基本做法是在買盤旺盛時入場

接下來要養成尋找旺盛買盤的習慣，這點會大大關係到實際的交易。

當沖重要的是限定損失，也就是要控制損失，同時以獲利為

圖表2-4　**賣壓沉重的基本型**

委賣	價位	委買
201,500	545.3	
7,700	545.2	
9,600	545.1	
277,100	545	
323,700	544.9	
	544.8	
	544.7	
	544.6	4,500
	544.5	8600
	544.4	1,300
	544.3	800
	544.2	200
	544.1	300

限價賣單
81萬9,600股

想賣的投資人多，
所以限價賣單多。

想買的投資人少，
所以限價買單少。

限價買單
1萬5,700股

目標。在不貿然背負風險的概念上，這點非常重要。因此在買單旺盛時入場，是最好的做法。

為何在買單旺盛時入場，能限定損失又有可能獲利？以下用具體的案例來說明。

請參照下頁圖表 2-5，買單高掛，但賣單寥寥無幾。這就是典型的買盤旺盛。

此處用 903 日圓進場。假設之後在 904 日圓有大量賣壓（按：指大量賣出股票的現象）出現時，任誰都會覺得「苗頭不對」。這表示委託單的背後有很多投資人正在蠢動，想賣出手上

圖表2-5 挑買單旺盛的盤,限定損失並設法獲利

委賣	價位	委買
600	910	
	909	
1,900	908	
	907	
	906	
	905	進場
	904	
	903	4,300
	902	4,100
	901	5,500
	900	6,900
	899	2,200
	898	100
	897	7,800
	896	200
	895	600

買單很多,所以損失有限。

賣單冷清,所以容易獲利。

的持股。

這種時候也一樣,只要限價買單多,就能馬上拋售手上的持股。因為有很多投資人等著接手,就算拋售,股價應該也不會跌到谷底。

反之,如果是限價買單少且賣壓重的委託單,此時就會覺得很恐怖。這時就算自己想拋售,要接的人也很少,所以會找不到買家,然後眼睜睜看著股價緩慢下跌。

所以想做多的話,必須先找買盤旺盛、買單高掛的個股。

6 | 委託單背後的投資人是誰，你看得出來嗎？

市場上有各種投資人，包含當沖客、證券公司的營業員或演算法等。只要看委託單，就能知道有什麼樣的人參與其中。

如何只看委託單，就能掌握市場參與者

例如，有人一次以 100 股慢慢買賣時，就能猜到是比較小的散戶在進、出場。如果是典型的演算法交易（詳見下頁），電腦會自動持續買賣小量的訂單，所以委託單會不停閃爍。

像這樣，透過委託單的變化，就能知道有什麼樣的投資人正參與交易。那麼委託單背後的人，也就是會有哪些投資人出現在盤上？我們試著列舉一下。

說是「列舉」，但基本上，只要想成有散戶和法人股東這兩種就好。

而法人股東可細分為演算法交易和非演算法交易兩種，再加上散戶的話，就會有三種主體。不過，現在的法人股東有八成都用演算法，所以只要當作幾乎都是演算法交易就好。

委託單上的投資人①——法人投資人（機構投資人）：

先來說明法人投資人的習慣，也或許應該說是他們一貫的傾向。日本所有的法人股東都有一個共通傾向，就是不論是否使用演算法交易，都不會在同一家公司交易超過一天成交量的 20%。這邊有個專業用語，叫做「參與率」，假設法人買了成交量的 30%、40%，就會造成市場衝擊，自己的買進行動便會推升股價（會有炒股的嫌疑）。因此，法人股東的買進，會一筆一筆不斷持續。

例如投資信託，假設某信託想買某一檔股票，讓該股的比例占基金淨資產額的 5%。這時投資信託不會一次買進，因為這會對市場造成過大的衝擊。通常用大筆金額納入個股時，會分好幾天購買。

因此，法人股東的買進，在委託單上多少會造成衝擊，但不會過分到讓股價暴漲或暴跌。

委託單上的投資人②——演算法：

接著是法人股東進行演算法交易的例子。演算法其實可細分為兩種，那就是「意圖獲利的演算法」和「意圖買進的演算法」。「意圖獲利的演算法」就像部分的避險基金一樣，是一種會用超高頻率、反覆交易，以賺取利差的投資人。

相較之下，「意圖買進的演算法」則會承接法人股東的賣單，是一種會默默撮合買賣的演算法交易。

即便同樣是演算法交易，卻可分成這兩種類型，請多加留意這一點。

而意圖買進的演算法，會顯示在 VWAP 交易上。所謂的 VWAP，是成交量加權平均價，意指不論股數，只要用一個撮合價格，就能讓所有股數的交易成立。假設投資信託公司這類法人股東，向證券公司下單，想買進三菱重工的股票 50 萬股，證券公司只要把這張單打入系統，演算法就會默默執行交易。

這種 VWAP 的演算法交易，是採成交量加權平均價，所以會隨著成交量慢慢下單，因此開盤撮合時的衝擊力道較強。看一整天的成交量變化，**可得知開盤撮合的成交量會占當天的兩到三成**。上午盤完成兩到三成，下午盤再反覆撮合交易，而收盤前的成交量，則會占當天的一成左右。VWAP 交易的委託單上，會出現這種與成交量波動連動的情況。

而 VWAP 交易會從哪裡入場，其實只要一直盯著委託單，就會逐漸明白。例如，只要股價低於現在撮合的價位，買單就會立刻進場。

而意圖獲利的演算法，則會用非常快的速度下買賣單。正因如此，委託單資訊才會一直閃爍。

買盤上的投資人③——散戶：

不過法人股東的買單，並不是造成供需大幅失衡的主要原因。因為法人害怕造成市場衝擊，所以會慎重買進，盡量不要造成供需失衡。

會造成供需大幅失衡的，反而是散戶的動向，特別是做當日沖銷等短期買賣的投資人。雖然他們是散戶，但也會買進相當大筆的張數，而且大概會在相同方向下單（一起買或一起賣）。

　　股數絕不算小張的單都往同一個方向下，對委託單造成的衝擊也會比較大。因此，**解讀委託單最需要注意的是散戶動態，而非包含演算法交易在內的法人股東**。散戶在想什麼、會如何進出場，我認為預判這一點並進行交易，是靠解讀委託單來炒短線的基礎。

我的投資筆記

委託單背後的投資人

類型	特性
法人股東（機構投資人）	不論是否使用演算法交易，都不會在同一家公司交易超過一天成交量的20%。
演算法	分為意圖買進和意圖獲利兩種： ·意圖買進：委託單會出現與成交量的波動連動的情況。 ·意圖獲利：會非常快速的下買賣單，讓委託單資訊一直閃動。
散戶	散戶的動向往往是造成供需大幅失衡的主要原因，特別是做當日沖銷的投資人。

7 | 區間的上、下限
沒有太大意義

看交易盤的資訊畫面，應該會注意到有區間上限（OVER）和區間下限（UNDER）。

在日本股市的委託單上，盤中撮合時 OVER 會顯示在賣盤，UNDER 會顯示在買盤；OVER 是指掛賣價格超過委託單上顯示的最高股價之掛賣股數合計，反之 UNDER 則是掛買價格低於委託單上顯示的最低股價之掛買股數合計。

因此一般認為，UNDER 的股數多於 OVER 時，股價容易下跌；反之，OVER 的股數多於 UNDER 時，股價容易上漲。但這純粹只是世俗之說，很多人會在意這一點，所以我在這裡明確告訴大家，這完全沒有意義。

似乎有投資人會觀察 OVER 和 UNDER 的股數比例，藉此調查與今後股價上漲或下跌的關聯，但從來沒因此獲利。而且現在有所有交易報價，可看到全部的委託單（按：臺灣大都以最佳 5 檔報價為主），因此檢查 OVER 和 UNDER 就變得越來越沒有意義了。

據我所知，靠解讀委託單來投資、藉以謀生的投資人中，沒

有半個人會在意 OVER 和 UNDER，這東西就是如此無關痛癢。

在做短期交易的投資人眼中，委託單之中最重要的部分，是以成交價為中心的上下 7 檔左右。

如果是炒短線，想用 505 日圓賣掉在 500 日圓買進的個股獲利時，遠在天邊的 OVER 和 UNDER 的股數，不會對市場供需造成任何影響，所以根本不必在意。

⬆️ 投資小知識

股市的內外盤比

委託單除了觀察買盤和賣盤外，還有所謂的內外盤比。

· 內盤價：以買方提出的價位成交的價格，表示願意用較低價成交。

· 外盤價：以賣方提出的價位成交的價格，表示願意用較高價位成交。

· 內外盤比：顯示買賣盤雙方的勢力（買盤比與賣盤比合計為100%），外盤比高表示投資人積極買進，內盤比高表示有人積極賣出，但這只是最基礎的判斷方式。

8 | 成交明細：
用最快方式得知股價變動值

　　為何解讀委託單能有效預判股價動向？這是因為不管是交易價位（Tick）還是線圖，都是先有委託單。

　　「成交明細」（Time and Sales，簡稱 TAS）會用時間序列，告訴你過去成交的股價是如何變動的。換句話說，成交明細會記錄委託單的價位變動明細。而用線連起成交明細的變動後，就是「交易價位」，交易價位的集合體就是「分線」和「日線」等股價線圖。因此在各種價位資訊中，委託單會在第一時間顯示股價的變動，所以短期營業員沒有不利用它的道理。

　　但很多營業員打從一開始，就弄錯該看的資訊。也就是說，明明是在搶帽子或以 1 分鐘為單位反覆進、出場，結果卻是在看 5 分鐘 K 線交易，而且完全不看委託單。

　　他們會說「我會觀察趨勢來交易，所以沒問題」之類的話。但說到底，對反覆在做 500 日圓進場、505 日圓出場的投資人來說，根本沒有什麼趨勢可言。

　　既然這樣，還不如學習解讀委託單的技巧，才能掌握更多獲利的機會。

圖表2-6 委託單能用最快的速度預判股價

● 成交明細 (TAS)

時間	價位	交易量
15:00:00	646	15,400
14:59:59	646	800
14:59:50	647	100
14:59:50	647	1,400
14:59:47	648	200
14:59:47	648	200
14:59:47	648	200
14:59:47	648	100
14:59:10	648	100
14:59:06	649	100
14:59:06	649	200
14:59:06	649	100
14:58:34	648	800

● 交易價位 (Tick)

● 顯示一日內股價變動的 K 線

1分鐘 K 線

投資小知識

臺灣股市的個股交易明細（成交明細）

聯華食 交易明細

2018-07-02

時間	買價	賣價	成交價	漲跌	單量	總量
01:31:04	36.90	36.95	36.90	-0.2	11	113
01:24:53	36.85	36.90	36.90	-0.2	5	102
01:23:28	36.85	36.95	36.85	-0.25	1	97
01:23:23	36.85	36.95	36.90	-0.2	2	96
01:17:31	36.85	36.95	36.85	-0.25	1	94
01:14:00	36.85	36.95	36.85	-0.25	1	93
12:46:22	36.85	36.95	36.85	-0.25	1	92
12:30:44	36.85	36.95	36.85	-0.25	1	91
12:30:35	36.85	36.90	36.85	-0.25	1	90
12:23:41	36.85	36.90	36.85	-0.25	1	89
12:23:36	36.85	36.90	36.85	-0.25	10	88
12:02:45	36.85	36.95	36.90	-0.2	1	78
12:02:41	36.90	36.95	36.90	-0.2	3	77

依時間排序

成交價位

各筆交易成交量（張）

資料來源：鉅亨網。

9 | 保證成交法則：
比理想價位高一點或低一點

　　解讀委託單不只能用於短期投資，也能幫助中長期持有的投資人獲利。

　　中長期投資確實不像短期交易或搶帽子一樣會頻繁進、出場，所以大家常會認為不需要看委託單。

　　不過，做中長期投資時也會買進股票，想確定獲利時一樣會將手中持股賣出。既然會有買賣行為，如果懂得解讀委託單，就能用更有利的條件交易。

買賣可避開限價單區塊

　　看委託單資訊，就可知道限價單的區塊在哪裡。限價賣單聚集的區塊（多數人都想用這幾個價格賣出），會很難脫手；限價買單聚集的區塊（多數人都想用這幾個價格搶進），則會較難買進。如果能從委託單上看出這些資訊，就能把限價賣單放在區塊之下（低賣），限價買單放在區塊之上（高買），避開不好脫手或買進的狀況，最終以合理的價位成交。

　　例如，某檔股票現在的股價是 598 日圓，已經有足夠的利潤，所以差不多想脫手了。如果此時想掛限價賣單，價位應該設在多少？大概有很多人，會想用 600 日圓掛限價賣單。

　　600 的確是一個整數，我也能明白會想以 600 日圓限價的心情。實際上，以前的法人股東也會嫌算東算西很麻煩，所以會用整數限價。

　　但這是行不通的。大家都想限價的價位，代表限價單會堆在那裡，可能會面臨想賣卻賣不掉的狀況。因此，如果想用 600 日圓掛限價賣單時，我會改用 598 日圓或 599 日圓賣。反之，當想要買進時，我也不會用 600 日圓下買單，而是用 601 日圓或 602日圓掛限價買單。透過這種方式，最終可避免用 600 日圓賣不掉、而不得不用更便宜的股價脫手，或是用 600 日圓買不到、必須要用更高價位買進的狀況。

用限價停損單避險

　　此外，中長期投資中，如果幾乎都是買了股票以後就放著不管的人，那麼我想也沒必要看委託單。但如果是盤中撮合時會瞄一下委託單資訊的業餘投資人，想必最好還是時常留意委託單會比較好。

　　自己持有的個股賣壓沉重時，如果先停利、落袋為安，或用限價停損單（按：當市價達到指定價位時，這種委託單會轉變為限價單）避險，就算之後股價直落，也能暫時放心。

　　畢竟，不管買盤有多旺盛，如果股價不敵賣壓、持續下跌，

就應該早一步察覺到賣壓沉重這一點。

　　這種狀況很難用線圖掌握，但只要看委託單，馬上就能發現。當賣單不停湧現，就是有很多投資人想脫手的最佳證據。

越冷靜的人，看委託單資訊越有用

　　此外，相較於炒短線而經常確認委託單的人，中長期投資人在看委託單資訊時有一個優點，就是能冷靜判斷。

　　經常看委託單，有時會產生認知偏差。就算遇到起初買單旺盛，卻在不知不覺間變成賣單高掛、股價也緩緩下降的狀況，常在看委託單的人，會無法老實的接受現狀，抱著沒有根據的樂觀預測：「再等一下就會有買單進來，股價應該也會回升。」結果反而可能跑太慢，落得被迫便宜賣出的下場。

　　然而，中長期投資人因為不知道下一次何時會看委託單，所以會大略看一下目前的狀況，接著判斷現在的情況是買單旺盛還是賣壓沉重。

　　相較於能連續追交易盤資訊的短期投資人，中長期投資人應該比較不會因為途中的變化，而產生認知偏差的狀況。像這樣，能冷靜觀察委託單，也是中長期投資人的優點。

第三章

委託單投資法的下單技巧

1 ｜ 買賣要預測到五步之後

解讀委託單時，最重要的就是預判股價變動趨勢。正如前一章所解說的，在股價的各種資訊中，委託單會在第一時間透露出股價動向。

重點在於先預判委託單動向再入場

實際上**參考委託單資訊來交易時，必須要預判到五步之後**。如同圍棋或將棋，能預先判斷數步棋之後的人，就能贏得勝利。例如自己在這裡買進後，其他投資人會如何行動？到底誰會入場？透過解讀委託單上股價的動向，同時描繪走勢。

建議各位，可以在腦中描繪如下頁圖表 3-1 的樹狀圖。

例如，在某個價位進場後，可預判各種模式，像是兩步後股價會上漲還是下跌，三步後會再上漲或下跌，兩步後如果下跌、會再回漲嗎……或許有人會覺得，這樣做的話，可能會錯過進場時機。

委託單投資法，最重要的就是瞬間判斷。因此，必須事先記住許多委託單的模式，讓自己在看到委買、委賣資訊的瞬間，就能立刻想到這個模式在五步後的股價走勢。

圖表3-1 ▶ 預判委託單模式的想像圖

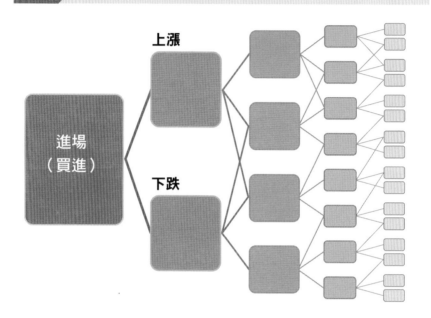

確認後續的走勢

入場之後，要藉由正在觀察的委託單，確認自己預判的走勢和實際走勢是否一致，同時判斷該繼續持有或賣出。

首先，要確認自己預測的股價動向。

股價在第一步如果一如預期的上漲，那就繼續抓著不放。第二步也上漲的話，就繼續持有；反之，若下跌的話，則賣出停損。如果沒有中途退場，到第五步為止都重複這個方式。

觀察目前的委託單情況，是為了確認自己在入場前所做的預測是否正確。換句話說，要照腦中描繪的走勢，來判斷是否該繼續持有或停損。

圖表3-2　觀察目前的委託單情況來確認答案

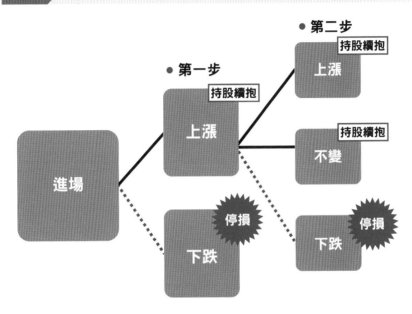

投資小知識

什麼是漲停、跌停？

　　台股的個股股價有所謂的當日漲跌幅限制，自 2015 年 6 月 1 日起，將一天的漲跌幅度放寬為 10%（原本為 7%）。

2 | 記住買進、賣出時的價位，然後重複操作

想要在看到委託單的瞬間，就能立刻預判走勢，必須先記住委託單的各種模式。

記住今天的交易

所以至少要記住自己買進和賣出時的股價，這一點很重要。也就是說，必須用心觀察委託單，直到記住自己買進、賣出時的模式。

自己進、出場時的委託單狀態，我大概會記住 3 天，因此我便能做到這樣的預判：「這種委託單，大概會這樣變化，所以在這裡買進，不行的話就在這裡拋售。」不過，要大家馬上記住委託單的模式實在太困難，所以請先用以下 3 個步驟，記住自己買進、賣出時的股價。重複進行之後，能記憶的委託單模式就會逐漸增加。

①決定停利和停損點，然後進場。

②記住進場時的成交價。

③記住進場時的委託單狀態。

圖表3-3 如何記住自己進、出場時的委託單模式

步驟 1

決定停利和停損點，然後進場。

步驟 2

記住進場時的成交價。

步驟 3

記住進場時的委託單狀態。

　　看過這些步驟後，也許有人會說「那我就拍照留存好了」，但這麼做完全沒有意義。因為重要的不是留下紀錄，而是牢牢記在腦袋裡。

　　市場每分每秒都在變化，就算拍照也無法逐一用照片確認，而且會跟不上市場變化的速度，所以還是記在自己的腦中最好。

3 ｜ 從「做多」開始練習

想靠委託單投資法謀生的話，總之就是先練習。

練習時有幾個重點，首先要從做多開始。當然，開了信用交易帳戶後，要買要賣都行，但重點是，**剛開始要以做多來練習**。

職業營業員也是從「買進」累積經驗

因為大多數的人會從買盤入場。觀察眾多投資人如何變動，這才是提升委託單解讀能力的捷徑。為了讓交易技巧與委託單解讀技巧一起進步，買盤會成為交易的基本型態。

這一點，證券公司的營業員也一樣。雖然有些營業員擅長做空，但整體來看，從買盤入場的營業員還是占大多數。此外，新手營業員累積經驗時，公司不會一開始就讓他們做空，都是在做多。**想要做空，得要每個月能穩定拿出某種程度的獲利才行。**

如前所述，交易的基礎是從買進開始，不要去思考從做空進場，但盡量還是開一個信用交易帳戶比較好。雖然股市交易的難度會稍微提升，但當日可用資金反覆買賣一檔個股。

開立信用帳戶以增加交易次數

現貨交易只要付大筆現金就沒問題，但假設帳戶只有 11 萬日圓，買了股價 1,000 日圓的股票 100 股時，交易金額就是 10 萬日圓，你的資金周轉會很吃緊。

在本案例中，因為差價合約規定，同一天內如果買進一檔股票後可以再賣出，但之後不能再買進同一檔個股。反過來也一樣，可以於賣出持有的個股後、再買入該個股，但禁止再次賣出（按：假設可動用額度有 10 萬元，花了 7 萬元買進 1 張股票，接著用 8 萬元賣出，再用 7 萬元買進 1 張同樣股票；這種情況等於用 10 萬元額度買了 2 張股票，因此便禁止這種行為）。

當然，帳戶有 100 萬日圓的話，在這個例子中，同一個股也能來回買 10 次。因此想在一天內反覆進行現貨買賣時，必須有某種程度的資金。

另外，正如前述，只要開立信用交易帳戶，就能在一天內用同筆資金重複進出一檔個股，所以能練習解讀委託單的技巧。

投資小知識

臺灣的現股當沖

臺灣已於 2014 年開放現股當沖，可以在同 1 天之內買賣，但必須具備開立受託買賣帳戶滿 3 個月、且最近 1 年內委託買賣成交達 10 筆（含）以上，但已開立信用交易帳戶的人不在此限。能交易的標的雖有限制，但大部分都可做現股當沖。詳情可上臺灣證券交易所的「當日沖銷交易專區」查詢。

4 ｜ 同價買賣，學會避開風險

本節先簡單說明一下，該用什麼方式來練習。我推薦的委託單投資法練習，則是「同價買賣」。

反覆進行以買進金額賣出的練習

同價買賣是假設用 103 日圓買進，就用同價位賣出，然後不斷重複。

大概有人會問：「重複沒有獲利的交易，有什麼意義？」但如果反覆進行這項練習、且能不再虧損，那麼在實際交易時，理當會有相當大的獲利。

關於這一點，你實際進行一下就知道，同價買賣其實意外的困難。

另外，就算是同價買賣，也會因為手續費而虧損，不過最近有很多網路證券公司，會提供手續費的套裝方案。所以做完當天的交易後，如果還有時間，就請拚命練習同價買賣。

同價買賣的具體流程如下。

首先要找到適合同價買賣的個股，基本上是選買盤熱絡、賣盤冷清的，然後先進場買進。請參照下頁圖表 3-4，這是買盤熱絡

圖表3-4 同價買賣的練習① 進場

委賣	價位	委買
2	106	
	105	
	104	
	103	
	102	14
	101	9
	100	35
	99	5
	98	
	97	46
	96	
	95	3
	94	

> 103日圓進場買2張。

> 104日圓和105日圓無賣單，所以用106日圓賣出，就能獲利3日圓。

> 買盤熱絡，賣盤冷清的多頭盤勢。

且賣盤冷清的情況，所以用 103 日圓進場買進 2 張（按：為方便解說，作者在本例中以張為單位）。

觀察賣盤後，另外發現 106 日圓有 2 張委賣，但 104 日圓和 105 日圓則無。假設用 103 日圓買進，106 日圓賣出，就能獲得 3 日圓的利潤。

但接著賣單開始高掛（請參照右頁圖表 3-5）。104 日圓有 3 張，105 日圓有 10 張，106 日圓則有 5 張賣單。原本比較空的價位 104 日圓和 105 日圓此時開始出現賣單，便可預測想賣的人大概很多。

圖表3-5 同價買賣的練習② 同價撤退

委賣	價位	委買
5	106	
10	105	
3	104	
	103	4
	102	6
	101	3
	100	35
	99	5
	98	3
	97	30
	96	
	95	3
	94	

> 在 103 日圓有 4 張買單，賣掉用 103 日圓購買的 2 張。

> 賣盤開始熱絡，代表想脫手的投資人很多。

買盤依舊熱絡

　　所以要是委賣繼續增加，就會跌破進場時的 103 日圓，甚至有可能跌到 102 日圓或 100 日圓，所以**在這個時間點，要用同價位賣出**。

　　所幸這時買盤很熱絡，103 日圓有 4 張買單。所以可以把先前用 103 日圓買進的 2 張賣出，跟 103 日圓的 4 張買單撮合。如此一來，就能以 103 日圓賣掉用同價購買的 2 張個股，達成同價交易。

　　如果這裡不做同價交易，可能會蒙受損失。從之後的動向來看，103 日圓、102 日圓、101 日圓的買盤都被撮合，股價也跌到

了 100 日圓（請參照圖表 3-6）。

如果沒用同價賣出，有可能在股價跌到 100 日圓之前都無法脫手。如果最後是在 100 日圓賣出，到頭來會損失 3 日圓。如果進場的目標是想賺 3 日圓，那麼最多損失 2 日圓時，就應該脫手，否則會划不來。

搶短期的交易，當報酬不如預期時，就應該在少量的損失下停損，否則獲得的報酬就不符合風險，所以同價賣出的練習非常重要。

圖表3-6 同價買賣的練習③ 事後確認

委賣	價位	委買
5	106	
10	105	
3	104	
2	103	
8	102	
1	101	
	100	35
	99	5
	98	3
	97	30
	96	
	95	3
	94	

若在100日圓賣出，會損失3日圓。

101日圓至103日圓的買單全部撮合，股價將下跌到100日圓。

在收盤前一到兩小時左右練習

同價買賣的練習有一個重點，就是練習的時段。同價買賣畢竟只是練習，要盡量在不會損失的環境下進行，才是上策。

這樣的話，應該避免在剛開盤時進行。這是因為剛開盤時，股價的波動性會變高。早上剛開盤的交易量也不是那麼的大，所以股價很容易振盪。在這種狀況下進行同價買賣，有時股價瞬間就會跌穿買進價。

那麼，該挑選什麼時段比較好？主要是挑股價不太變動的時候，也就是下午 1 點到 2 點左右吧（按：約是收盤前 1 到 2 小時，日股下午盤的開盤時間是 12 點半，下午 3 點收盤）。這個時段場內會瀰漫一股悠哉氣氛，除非有什麼天大的新聞，否則股價的變動會相當緩慢。

另外，最好挑成交量最低也有 3,000 張以上的個股來練習。1,000 張的也是能練習，但如果要練習同價買賣，建議盡可能挑選成交量 3,000 張，交易價位有一定程度的個股，會比較好進行。

5 ｜ 懂停利，也要能停損

同價買賣的大前提，就是減少損失。

之前已經提過，買盤旺盛的個股隨時都能拋售。如果一檔股票的買盤，只有各 100 股的委買時，賣單湧入的瞬間，股價就會大跌。所以要選買盤旺盛、走勢比較強的個股。

大前提是減輕損失

有個重點不只限於同價買賣的練習，在實際交易時也很重要，就是不能蒙受超出期待值的損失。

例如用 103 日圓進場買進後，賣盤如果上 106 日圓，就有可能會獲利 3 日圓。如果是這樣，損失就必須控制在 3 日圓以內。

換句話說，在跌到 100 日圓之前就應該賣出，不可蒙受超出期待值的損失（按：投資人也可設定自己的停損額）。

這點是當日沖銷的基本，勝率如果想提升到五成以上，絕對要遵守這個規則。如果無法在 3 日圓以內停損，那就馬上賣掉。要避免一直抱在手上、讓損失擴大。

練習也要做買賣紀錄

在練習解讀委託單投資的階段時，不要去思考過去的歷史或心理戰，請單純看委託單的狀況來交易。然後，就是不停累積次數。這麼一來，就會逐漸習慣、了解哪一種委託單狀況或個股適合自己。

因此，用來練習同價買賣的個股也一樣，不要只選特定的股票，篩選時如果發現其他適用的個股，請用同樣的方式、試著練習同價買賣。不久之後，就會知道自己擅長哪一種個股，也會逐漸增加能利用的標的。

還有一個重點，就是要留下買賣紀錄，知道自己的輸贏模式。不管在哪裡買賣，不要只看有獲利的交易，也要確實記錄虧損的交易，然後在空閒之餘檢視一下。

反覆進行、累積次數後，就會看得出來「這裡不能進場」或「這裡可以進」。反之，未經此練習就進行委託單投資法，想必會很難獲利。

委託單投資法的重點在於，不管進行幾次，都要設法用同價出場。然後只留下想在股價上升後賣出獲利的股票，自然就會累積利潤。

只看線圖的話，大概無法進行這種交易。正因如此，解讀委託單十分重要。

6 | 勝率 100% 的人，賺不到錢

　　這一節，我們稍微換個話題，來聊聊該如何才能成為能獲利的投資人。

　　你覺得該怎麼做？學習技術分析？還是讓自己可以從企業的基本面，看出未來的價值？

為什麼勝率 100% 的人，賺不到錢

　　當我還是營業員時，曾想過一件事：立下一個未來想賺取的目標金額，然後孜孜不倦的實現它，固然很重要，然而是不是還有其他的方法？這個方法就是**同時增加獲利和損失，而不是只有累積獲利**。

　　用一個極端的例子來說，假設有一個人想獲利 100 萬日圓。他現在有 50 萬日圓的獲利、損失是零，勝率是 100%。大概會有人覺得他很厲害，但事實並非如此。

　　應該說，這個人今後不管再怎麼努力，都無法賺到超過 50 萬日圓的獲利吧。因為他的勝率是 100%。

　　聽到我這麼一說，大概會有人問：「勝率明明就是 100%，為什麼不好？」的確，我們通常會認為勝率越高越好。實際上，

營業員之間也有互比勝率的傾向。但就算勝率達到 100％，如果不增加某種程度的損失金額，獲利就不會從 50 萬日圓變成 100萬、200 萬甚至是 500 萬日圓（沒有虧損，也代表太過保守，沒有進步空間）。

如果真的想獲得 100 萬日圓的利益，就不該是用完全沒有虧損、慢慢累積到 100 萬日圓的方式，而是用賺 200 萬日圓、賠 100萬日圓、兩者相抵獲利 100 萬日圓的方式，同時增加獲利和損失，並讓獲利為正、控制損失。

不停累積獲利，最後調整損失金額，達成自己的目標，這點在增加獲利上相當重要。

總之就是增加交易次數

同樣是獲利 100 萬日圓，哪一種心情上比較輕鬆？是抱著「絕對不虧錢」的想法，好不容易賺到 100 萬日圓？還是嘗試各種投資法，賺取 200 萬日圓的利益，但蒙受了 100 萬日圓的損失當學費，最終獲利還有 100 萬日圓？我想當然是後者吧。

不管損失多少，能讓獲利擴張，就代表實際上有那般實力。所以，我覺得同時增加獲利和損失，才是通往賺錢的捷徑。

想同時擴張獲利和損失，總之就是增加交易次數。一直重複進、出場，獲利和虧損就會逐漸增加。所以在實踐上並不難。

只要增加交易次數，也會逐漸提升解讀委託單的技術，這正是所謂的一石二鳥。

7 ｜ 配合自己的個性、增加投資部位

逐漸了解委託單投資法的要領後，接下來可以試著增加一些持股。但此時必須思考的是，要增加同一檔個股的股數，還是把買賣的個股增加至 2 到 3 檔，由這兩者選一種。

關於這一點，沒有什麼正確答案，基本上每個人都有自己的考量。不過，照我過去的觀察來看，依照自己的性格來選股，似乎比較好。

營業員的性格分為兩種

說起來，營業員的類型可以分為兩種：一種是虧損後反而會更起勁；另一種則是虧損後反而更冷靜。大部分的人，都是這兩者之一。

在我周圍的人，似乎是第一種類型居多。這種類型的人即便虧損，依舊會持續交易。這時他們會繼續進行到賺到錢為止，使得進、出場變得相當頻繁。這類型的人腦中，不會想著一點一滴累積獲利。前一秒大賺後，下一秒可能就大賠。總而言之，就是

獲利和損失相當兩極。

另一方面，虧損後更冷靜的類型則會想：「搞什麼，今天好無趣啊，還是就此打住好了。」然後當天便能確實收手、不再進場。這種人屬於慢慢累積獲利的冷靜型，反而會把錢留住。

那麼，你屬於哪一種性格？

正如前述，這不是好與壞的問題，重點在於是否確實了解自己屬於哪一種類型。確實明白之後，只要採取適合該類型的做法即可。

虧損後會更起勁的人，
要持有多檔個股

虧損之後反而會更起勁的人，在操作時要選擇增加個股的檔數。

這類型的人如果持有更多單檔個股的股數，碰到損失時，金額也會因此增加，心中便容易認為：「怎麼能夠就這樣在這個地方收手！」

這種心態非常危險，所以虧損後反而會更起勁的人，我建議應該交易、持有多檔個股以分散風險，就不會一次全部虧損，虧損後也能保持冷靜。建議先把資金分散在 3 檔個股左右比較好。

但同時看 3 檔股票的盤也很辛苦，所以要避免股價波動性過高的個股。盡可能挑選股價變化慢、波動性低的股票。

此外，相較於前者，會變冷靜的類型，容易有較高的勝率。因為他們只要一虧損，就會害怕得收手，所以勝率會高也是理所

當然。但這種投資人不會大賺、也不會大賠，所以利潤和損失都很難增加。這麼一來，就會很難達到獲利的目標金額。所以，會變得更冷靜的類型，或許增加單檔個股的股數會比較好。

此外，這種類型的人，一旦虧損就會退縮，不敢做投機交易，所以建議一開始最好先做某種程度的投機練習。

性格無法輕易改變，所以增加持股時，要配合自己的性格進行。沒必要明明知道自己是冷靜型，卻用多檔個股交易；明知道自己是起勁型，卻增加單檔個股股數交易。

我在擔任營業員時，也常告訴後進這件事，要配合自己的性格來交易，這點很重要。

我的投資筆記

‧虧損後反而更起勁的人，建議持有多檔個股以分散風險，一開始可以先把資金分散在 3 檔個股左右，盡可能挑選股價變化慢、波動性低的股票。

‧虧損後更冷靜的人，則建議增加持有的單檔個股股數，最好先做某種程度的投機練習。

‧重點是了解自己，配合性格進行交易。

8 ｜ 以為自己賺大錢時最危險

從事股票交易時，一定會遇到狀況好或不好的時候。

狀況好時，有時會被「絕對能獲利」的妄想束縛住。

有時的確能獲利，但冷靜想想，也是有怎麼樣都賺不到錢的盤面，所以要充分留意持股的管理。特別是股價攀高時，更應該多小心。

做好持股管理，才能保住獲利

在重複買進、上漲、賣出的過程中，獲利會慢慢累積，股價有時候便會在不知不覺中到達相當高的水準。如此一來，潛在利益就會變得很大，感覺自己賺到錢了，便會不自覺的鬆懈下來，甚至最後一口氣增加持股。

這裡有一個陷阱，當一口氣大筆買入、提高持股後，其他投資人如果都沒跟進，通常股價就會大跌而賠得一塌糊塗，結果便會把至今的獲利全都吐回去。

所以應該充分留意持股管理，股價接近高點時，如果你看漲、想要增加持股，建議此時買進的股數，最多可與當初買進的一樣，這點很重要。

當然也有人建議，加買同一個股時，應該逐漸減少買入的股數。這一點也說得很正確，總之這裡提到的追加投資，最好別超過最初買進的該股股數。

我的投資筆記

- 在重複買進、上漲、賣出的過程中，股價可能來到高水準而不自知，最後市場投資人反而沒跟進，賠得一塌糊塗。
- 建議股票接近高點時，若想要增加持股，買進的股數最多可與一開始買進的股數一樣。
- 或者加買同一個股時，最好別超過一開始買進的股數。

9 │ 萬一你的看盤裝置當機了？

還有，應該事先備妥看盤裝置故障時的應對方案。這一點，也是要親身經歷過的人才會知道。即便是專業的裝置，也常會發生問題，有時更會出現系統故障而當機的狀況。

在看盤裝置當機的時間裡，股市當然還在交易，但只有自己手邊的裝置因為某種狀況而故障、系統當機，這是我實際發生過的狀況。

沒預料到的問題發生，心情便會大受影響

有很多投資人，心情便會因此而受到影響。對短期營業員來說，在完全無法交易的時間裡，心中會極度不安。這種通常不會出現的漫長時光，在無計可施之下所造成的焦慮將超乎想像。特別是個性激動的人，更要多加留意。就算你一邊大喊「搞什麼鬼」、一邊敲打自己的機器，也同樣無法解決問題，這一切真的是無可奈何。

我經歷過的系統故障狀況

我也曾有這種經驗。當時我正在交易日本 ICF 公司（現在的 Orben 公司，主要從事投資事業，目前股票已下市）的股票。

因為股價波動很大，所以我看準低點、大量買進。結果這時裝置突然故障了，而且只有我的出問題，其他營業員的裝置都很正常。

我陷入完全無法下單的狀況，一轉眼就損失了數十萬日圓。後來追究原因，原來是我的主管明明不懂卻隨便亂碰，結果搞得系統當機。當時我待的公司，營業員要自己承擔損失，所以公司補償我損失的部分。但因為這次的經驗，讓我知道系統故障時，怪罪別人也沒有用。只能在系統就是會故障的前提下，自行迴避風險。

具體來說，可事先在其他證券公司開戶，在那裡賣空來避險。無法以單一個股賣空的股票，可採用賣出指數期貨的方法。

而網路連線方面，可事先想好幾個代替方案，例如用手機交易等，讓自己在家中網路故障的時候，也能繼續交易。

10 | 想當沖，
用限價、不能用市價

錯單也是過去曾經發生過、希望各位能引以為戒的問題。

以前證券公司的自營營業員，能直接向證券交易所下單。當然，這樣單子會比較快送到交易所。營業員會希望自己的單早一分一秒成交，如果有裝置能直接連線到交易所，那當然會盡情的使用。

錯單不可避免、一定會發生

但老實說，這會造成錯單的狀況，所以日本金融廳（按：負責監管日本金融事務、制定金融政策的機構）下達通知、要我們留意，證券公司的管理部門也嚴格命令我們，不能用直接連線的裝置下單。之後還建置了設有過濾機制、可避免錯單的下單專用終端機。話雖如此，恐怕不會有營業員，從來沒錯單過吧，因為連我自己也曾經錯單。

然而，我的錯單只是金額稍微多了一點，最後還是平安落幕。不像 J:Com 股票大量錯單事件一樣，一發不可收拾。

不過，我曾遇過相當荒唐的錯單事件。

> **投資小知識**
>
> **J:Com 股票大量錯單事件**
>
> 　　發生於 2005 年 12 月 8 日，瑞穗證券一名男性負責人下錯賣單，誤把「賣 1 股 61 萬日圓」打成「賣 61 萬股 1 日圓」，系統又發生故障，導致賣單無法即時取消，最終造成瑞穗證券蒙受 407 億日圓的損失。

　　我記得是 MEDINET（按：提供醫療系統服務的公司）這檔股票。當時我的後輩犯了一個錯誤，不小心下了高達總發行量一半的賣單。

　　「慘了，該怎麼辦才好，完了、完了！」本人當時一臉鐵青，陷入驚慌狀態。「不能取消的話，就買進 MEDINET！」我一聲令下，下錯單的營業員立刻買進 MEDINET 的股票。

　　最後我們用相同數量的買單，讓下錯且總量高達發行總股數一半的賣單成交，事情平安落幕了。

　　現在回想起這起事件，覺得很好笑，其實當天《日本經濟新聞》的晚報也有報導，標題是「MEDINET 湧現超大筆對敲做量」，寫得好像背後有不合理的股市動態，似乎另有內幕一樣。

　　不過這真的只是錯單引發的鬧劇，而且恰好發生在我所屬的證券公司交易室罷了。附帶一提，這場鬧劇只上演了五分鐘。

　　現在我寫到這裡，老實說仍會不禁莞爾一笑，但當時下錯單的人，可是完全陷入了恐慌狀態。唯一的救贖是當時所下的並非市價單。

在 J:Com 錯單事件中，雖然系統故障也是原因之一，但關鍵或許還是因為負責人下錯的單是市價單，所以該公司的股價才會跌停板。

買賣單要用限價、而非市價

這種下錯單的失誤，在分秒必爭的股市交易中，隨時都有機會發生。任何人都有錯單的風險，為了將損害控制在最小，建議**買賣單應該要用限價，而非市價**。

限價單的成交有時會比較花時間而錯失良機，給人沒有效率的印象，所以或許有人會認為不適合用在當沖，其實這才是一種誤解。

當沖裡頭也有反覆進行超短期交易的投資人，一次的交易差價很小，所以下錯單會造成很大的損失。正因如此，才會需要用限價單交易。而且實際上來說，能一直盯盤的當沖客，根本不需要用市價下單。

特別是委託單投資法，通常會先決定要在哪個價位買進、在哪個價位賣出後，才會交易。反之，**如果想用這個股價買進，但買單卻未成交時，不如別進場會比較好**。

更重要的是，用市價下單，賣出的成交價可能會比預期的更低，這樣一來很沒效率，所以**市價單本來就不適合當沖客**。

第四章

選股的基本技巧

1 │ 適合委託單投資法的個股，怎麼找？

想要找出適合委託單投資法的個股，有幾種方法。

① 股價指數中的超大型股，不列為投資對象

委託單投資法的大前提，就是先捨棄超大型股。具體一點來說，就是 TOPIX100 的成分股。

TOPIX100 是一種股價指數，是由東京證券交易所市場第一部上市的股票中，總市值大且流動性高的 100 檔大型股票所構成，包含豐田汽車、富士軟片控股（Fujifilm Holdings）、新日鐵住金、日立製作所、東日本旅客鐵道等代表性的大企業。

投資小知識

什麼是TOPIX？

TOPIX 為東證股價指數（Tokyo Stock Price Index）的縮寫，與日經平均指數並列日本東京股票交易市場的重要股市指標，有 TOPIX Core30、TOPIX 100、TOPIX Mid400、TOPIX Large70、TOPIX Small。類似臺灣的臺灣 50 指數成分股。

前面曾提到演算法交易，而在這些個股中，都會看見意圖獲利的演算法和意圖買進的演算法。實際上，觀察這些個股的委託單資訊就能明白，數字會不停閃爍變化，幾乎不可能用肉眼追蹤，並預判委託單的變化。

累積了判讀委託單的功力後，確實能憑感覺抓到股價今後的走勢，但實際上散戶會很難買賣，這種走勢就連職業投資人也不一定有把握，所以最好不要選這些個股。

一般人投資股市時，會先篩選個股，例如輸入「低 PER」（低本益比）、「低 PBR」（低股價淨值比）、「高 ROE」（高股東權益報酬率）、「業績連續五季創新高」等條件，藉此篩選出符合的股票；而解讀委託單時，則是先無條件去除 TOPIX100 的成分股。

投資小知識

本益比（PER）

就是公司成本與收益的比例。

計算公式：股價 ÷ 每股盈餘，數值越低通常表示該個股越值得買。

投資小知識

股價淨值比（PBR）

企業於某一時間點的股價，相對於最近一季季末時每股價值的比值。

計算公式：股價 ÷ 每股淨值，通常低於 1，表示超值；高於 1，代表股價偏高。

投資小知識

股東權益報酬率（ROE）

表示公司利用股東的資金賺了多少錢。

計算公式：預估稅後純益 ÷ 股東權益（淨值），通常是越高越好。

② 選擇成交量最少 1,000 張的個股

除此之外，不管交易單位是 100 股還是 1,000 股，重點在於至少要挑選成交量有 1,000 張的個股。以股數來說，一張是100 股、會有 10 萬股；一張是 1,000 股、則會有 100 萬股。這麼一來，交易價位就會清楚顯現。（按：日本股市的交易單位會依個股而異，分為 100 股和 1,000 股，臺灣則主要以 1,000 股〔1 張〕為交易單位。）

適合當沖的個股，且成交量是上述的 5 倍或 10 倍的話，委託單的價位就會更明顯。

③ 挑選的個股，股價別太低

還有一個重點，就是股價。

我明白有些人會想選股價以 1 日圓跳動的個股；也有人會覺得單位太大、損失會很可怕，所以想用 100 股作為交易單位。但股價 200 日圓或 300 日圓的股票就算上漲 1%，頂多也才賺 3 日圓。換句話說，用 100 股當交易單位的話，獲利才 300 日圓。

但如果是股價 5,000 日圓以上的個股，股價的跳動單位是10日圓，一百股的話，每次會以 1,000 日圓變動，盡量挑選這樣的個股獲利，才會有效率（按：台股的股價水準與日股不同，投資人可依自己的期望獲利挑選）。更進一步來說，投資金額也是重點。

股價 300 日圓的個股買了 100 股，投資金額就是 3 萬日圓。而股價 5,000 日圓的個股買了 100 股，投資金額就是 50 萬日圓，但有很多人不看股價，一律都用 100 股來買賣。

上漲 1% 時，投資金額 3 萬日圓，會獲利 300 日圓；50 萬日圓則會獲利 5,000 日圓。如果要買股價 300 日圓（按：約新臺幣 81 元）的個股，至少要用 1,000 股交易，才能提升投資效率。

④ 不選波動性高的個股

想提升投資效率的話，波動性高的個股，有時反而不適合當日沖銷等短期交易。

短期交易時，大家會覺得用較短的時間軸，換取巨大報酬比較有效率，所以想挑選一天之內的股價變動高達 10% 的個股，在短期內決勝負。但當你覺得股價有漲勢而進場時，股價可能會突然大跌而造成巨大損失。

解讀委託單的短期交易，目的不是賺取高額價差，所以不用刻意挑選風險大、波動性高的個股。如果你還是想用波動性高的個股交易，那麼把交易時間軸縮得更短，也是一種方法。但有可能短時間內波動性十分龐大，讓你沒辦法在想停損的價位賣出，所以這種個股，實在不適合短期交易。

　　順帶一提，**我在交易波動性高的個股時，會確實減少買賣的次數**，事先決定股價到哪個價位就買進或賣出，才會進場交易。

⑤ 尋找資金聚集的產業

　　還有，必須要找資金聚集的產業或個股。以市場整體觀點來看，這些產業或個股要在日經平均指數（按：臺灣的投資人可參考加權股價指數）等呈現上漲局面時，才比較容易獲利。

　　所以，如果買完全無視大盤走勢的產業或個股，其他投資人又沒在關注，該個股的股價就不會變動，也就賺不到半毛錢。

　　因此，要觀察各產業的指數，了解哪一個產業的漲勢位居前段班，還要進一步**看同一產業中哪一檔個股的漲勢最佳**，用這樣的觀點挑選個股很重要。反之，**也可找出大盤下跌卻逆風高飛的產業**，並進一步找出上漲的個股，這也是一種方式。

　　當然，每個人都有自己的投資方式，可負擔的風險程度等條件也不盡相同，所以不能一概而論。建議大家反覆摸索，找出適合自己的股價水準或投資金額。

🏠💲 我的投資筆記

適合委託單投資法的個股這樣挑：
- 剔除股價指數中的超大型股。
- 挑選的個股，股價別太低。
- 尋找資金聚集的產業。
- 選擇成交量最少 1,000 張的個股。
- 排除波動性高的個股。

2 | 你只有 0.5 秒可以做決定

　　先前曾經提過，如何選擇適合委託單投資法的個股，但讀到這裡，或許會有投資人想問：「真的不需要看業績或財務狀況嗎？」

重點是你的瞬間判斷

　　是的，**解讀委託單交易時，完全不需要熟讀財務報表，也不用預測未來的業績。**因為等你確認完這些數字，坐在電腦前想要進場時，委託單的狀況已經一直在改變。

　　假設你下了買單後，立刻又出現其他買單，此時可以想見還有很多人想要買進；反之，在買入瞬間，馬上就出現賣單的話，代表有很多人想用這個價位賣出。解讀委託單來投資時，瞬間的狀況判斷比任何事情都重要。從畫面顯示的委託單資訊，立即判斷進、出場的技術更是不可或缺。順帶一提，我一直訓練自己要在 0.5 秒內判斷是否該進、出場。

　　營業員的投資行動，感覺很像「巴夫洛夫的狗」這個條件反射的實驗一樣，看到委託單時，一發現有買盤熱絡且賣盤冷清的個股，就會立刻反應、先下手買進。

　　此時，完全不用去想業績或財報等內容，只要買盤旺盛，就會先買。

如果買盤熱絡，壓錯寶還逃得掉

　　當然，壓錯寶的狀況也很多。但買盤熱絡的話，想脫手時隨時都能賣出。換句話說，就算買進的個股預測失誤，也能立刻斷尾求生。以當沖來說，這是非常重要的。只要會預判委託單的狀況，就能用較小的風險獲利。

　　短期交易的進場重點是什麼？關於這一點，每個人會有不同的說法，但終歸一句，**就是買盤旺盛的時候。**

　　許多短期營業員會看準買盤熱絡且賣盤冷清的瞬間，進場下買單。所以如果能早他們一步或兩步進場，等到買盤熱絡起來後脫手賣出，就能順利出清部位。

　　學會這項技能之後，便能避免遇到買盤冷清，想賣也賣不掉的狀況。

💲 我的投資筆記

・短期交易的進場重點，就是買盤旺盛的時候。
・許多營業員會挑買盤熱絡、賣盤冷清的瞬間進場，只要比他們早一步或兩步，等到買盤熱絡後脫手賣出，就能夠順利出清。

3 ｜ 操作時，該注意哪些資訊？

現代的股市交易是資訊戰。

不對，一直以來股市投資的世界就充滿了各種資訊，比其他人更早一步得到資訊並買進股票的人，就會大賺一筆，所以資訊戰不論現在或過去都一樣，只是資訊的內容已經大幅改變。

靠眾人都能獲得的資訊就十分足夠

過去，資訊戰是指早一步獲得主力動向，或企業的內線資訊（儘管這是犯罪行為）等，並進場投資。但是像解讀委託單交易、當沖交易或搶帽子等超短期交易中，幾乎不需要這類資訊。畢竟，不管主力動向如何，只要觀察委託單，所有參加股市的投資人動向便能一目瞭然。

所以解讀委託單交易時的資訊戰，不再是像過去那種老派的方式 —— 也就是像二、三十年前的投資人那樣，只要消息靈通就好。簡單來說，這個時代的關鍵在於，**要用哪一種觀點，去觀察任何人都能獲得的資訊**。

所以，我想在此公開自己每天在交易前或交易中會接觸哪些資訊，又該如何利用。

建構 8 螢幕的環境

　　首先是交易時的桌面環境，我曾經是專業營業員，所以建構了一個與過去相同的 8 螢幕環境。當然，有些人無法在家中設置 8 個螢幕也沒關係。只要以委託單資訊的畫面為主，其他畫面只要偶爾確認一下就好，後面會詳述要確認的項目。

　　至於該如何配置 8 個螢幕，也是重點之一。

　　我的交易工具是 MONEX 證券的「TradeStation」和 kabu.com Securities 的「kabu station」，通常會以 TradeStation 為主。因此 8 螢幕會以 TradeStation 能看見的資訊為中心。

　　關於螢幕的設置，要把會頻繁確認的畫面放在中央。

圖表4-1　8 螢幕配置的示意圖

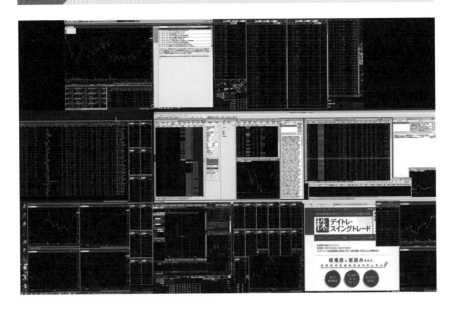

　　我放在中央的是「所有報價」，這是進行委託單交易不可或缺的工具。順帶一提，所有報價是指會顯示所有買賣股數的委託單資訊（按：臺灣股市以最佳 5 檔報價為主）。

　　把所有報價放在畫面中央，往外則放重要性相對較低、觀看頻率較少的資訊畫面。我個人從中心開始會放所有報價、指數線圖、個股線圖與匯市、排名和官網。

　　順帶一提，前面已經解說過委託單資訊的內容，所以從下一節開始，會講解委託單資訊以外的部分，介紹我平常或偶爾會確認的資訊。

圖表4-2 經常看的資訊放中央，其他資訊則依序往外放

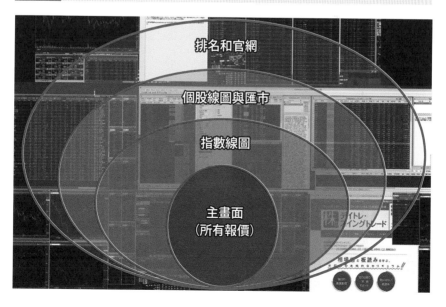

4 | 盤中撮合時，
要確認 6 個項目

以下列出幾項要確認的重點項目。

① 股價指數期貨或道瓊期貨指數

預先掌握整體市場還是很重要。當然，日經平均指數上漲的話，個股買盤也很可能會旺盛。以新興股市為中心交易的投資人也一樣，必須先觀察日經 225 股價指數期貨的價格（按：臺灣投資人可參考臺灣加權股價指數期貨）。

此外，行情走勢以期貨交易為中心的傾向十分強烈，為了掌握整體的方向，應該確認日經 225 股價指數期貨或道瓊期貨指數的價格變動。而道瓊期貨指數不用時常確認，只要掌握大概的價格就好。

② 新興股指數

如果常買賣新興企業的股票，就必須時常確認東京證券交易

所 Mothers 指數和日經 JASDAQ 指數。附帶一提，這些新興股指數和日經平均指數呈反比。換句話說，日經平均指數越強勢，新興股指數就會越弱勢；反之，日經平均指數走弱時，新興股指數就會走強，這種傾向很顯著（按：臺灣的投資人若有興趣，可參考證券櫃檯買賣中心的創櫃板資訊）。

③ 各規模的股價指數

TOPIX Core30、TOPIX Mid400、TOPIX Large70、TOPIX Small 等各種規模的股價指數也要大略看過，**確認資金集中在大型股還是小型股上。**

TOPIX Core30 和 TOPIX Large70 加起來，會構成 TOPIX100 大型股這個指數。基本上 Core30 和 Large70 都是大型股，但 Core30 是由大型股中總市值或流動性較高的 30 檔股票構成。其他還有 TOPIX Mid400 是由 400 檔中型股，TOPIX Small 是由小型股構成。這些可排列在一個螢幕內，方便自己閱覽。（按：臺灣投資人也可以參考加權股價指數、臺灣 50 指數、臺灣中型 100 指數等。）

④ 匯市

事先確認美金兌日圓（按：臺灣則可確認美金兌新臺幣）。話雖如此，匯市不需要時常盯著，只要偶爾確認一下 1 分鐘 K 線圖就足夠了。

而日圓大漲或大跌時，對於匯市比較敏感的個股，就有交易的機會，所以可事先選出可能成為交易對象的個股。

⑤ 各類股股價指數

東京證券交易所把在一部上市的股票分成了 33 類，並各別算出了股價指數。觀察各類股的股價指數，可掌握資金流入了哪個

投資小知識

台股各類股股價指數哪裡找？

　　以玩股網（https://www.wantgoo.com/）為例，可將游標移至首頁上方的「台股」，於下拉選單中選擇「分類行情」、點選「上市分類」後，可在頁面上看到台股各類股的指數。再點選欲瀏覽的類股產業名稱後，即可看到該類股之下的個股資訊。

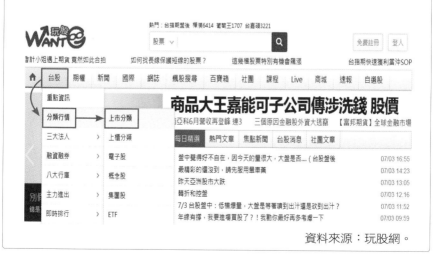

資料來源：玩股網。

（續下頁）

委託單投資法,開盤10分鐘就賺錢

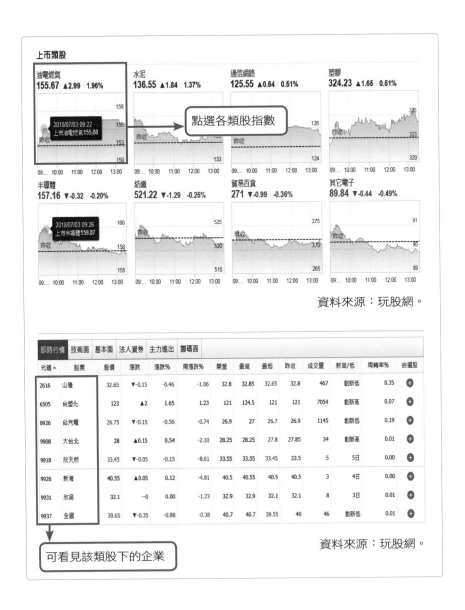

資料來源:玩股網。

可看見該類股下的企業

產業。（按：臺灣投資人可參考台股各類股指數。）

　　而產業的強弱也會因匯市、利率或日經平均指數的水準而異，所以掌握這些傾向也很重要。

⑥ 事件

　　事件也有分很多種類，這邊請注意以下 3 種：「日銀金融政策決定會議」、「經濟指標」和「中國股匯市」。

　　·日銀金融政策決定會議：決定日本央行金融政策的重要會議。調整隔夜拆款利率的誘導目標等，金融政策的變更有時會對市場造成非常大的衝擊，所以要注意央行總裁的發言內容等資訊。（按：臺灣投資人可關注中央銀行所發布的訊息。）

　　·經濟指標：經濟指標幾乎不會在盤中撮合時發表，所以一般認為對盤中的市場動向所造成的影響比較輕微，但實際發表的經濟指標如果大幅偏離市場相關人士的預測，可能就會對股價造成很大的影響。此外，中國受到市場矚目時，也必須留意中國的經濟指標。

　　·中國股匯市、人民幣：中國股市的開盤是在上午 10 點半，上海 A 股的盤前試撮是上午 10 點 25 分左右，如果出現相關的負面新聞時，中國股市在開盤後的股價動向，可能會影響股市，所以事先確認或許會比較好。

5 | 檢討手中持股時，要確認 7 個項目

檢討手中持股時，應確認以下 7 個項目：

① 各類股股價指數

透過各個類股的股價變動，確認資金集中在哪一個產業。各產業的股價強弱會因匯市、利率、日經平均指數的變化而異。可留意日經平均指數在下跌、卻逆勢上漲的業種（按：臺灣投資人可參考臺灣加權股價指數及各類股指數，可參考第 135 頁）。

② 其他同業的股價水準

找到關注產業後，要留意旗下企業的股價。具體來說，就是確認同業種的大型股到小型股的股價變動。可利用 MONEX 證券的看盤軟體「TradeStation」裡的熱門列表，以「業種」來排序掌握其特徵。（按：各大股票網站都可從分類行情，看到類股內各家公司股價，可參考第 135 頁玩股網的例子。）

圖表4-3　確認同業種其他公司的股價水準

	銘柄コード	銘柄名	騰落率▼	現在值	前日比	前日比率%	始值	高值	安值	終值	出來高	約定數	取引所
1	6150-JQ	タクダ機械	9.81%	291	26	9.81%	266	312	265	291	417,000	139	TSE
2	6161-TS	エスティック	4.80%	3,495	160	4.80%	3,380	3,495	3,360	3,495	18,400	99	TSE
3	6265-JQ	妙德	4.71%	289	13	4.71%	276	295	276	289	102,000	52	TSE
4	6343-TS(M)	フリージア・マクロス	4.55%	23	1	4.55%	22	23	21	23	2,479,000	24	TSE
5	6256-JQ	ニューフレアテクノロジー	4.30%	7,040	290	4.30%	6,810	7,130	6,810	7,040	80,800	377	TSE
6	6300-TS	アピックヤマダ	3.91%	505	19	3.91%	487	505	484	505	49,900	128	TSE
7	6294-TS	オカダアイヨン	3.90%	1,438	54	3.90%	1,393	1,459	1,380	1,438	118,000	579	TSE
8	6145-JQ	日特エンジニアリング	3.23%	2,842	89	3.23%	2,734	2,870	2,675	2,842	250,000	1,300	TSE
9	6347-JQ(M)	ブラコー	2.22%	92	2	2.22%	90	93	90	92	42,000	18	TSE
10	6416-JQ	桂川電機	2.11%	145	3	2.11%	142	147	142	145	143,000	27	TSE
11	6125-TS	岡本工作機械製作所	2.01%	203	4	2.01%	200	204	200	203	883,000	183	TSE
12	6240-TS(M)	ヤマシンフィルタ	1.82%	2,290	41	1.82%	2,269	2,295	2,241	2,290	290,000	1,131	TSE
13	6360-TS	東京自動機械製作所	1.78%	172	3	1.78%	172	172	172	172	2,000	1	TSE
14	6336-TS	石井表記	1.50%	1,013	15	1.50%	1,013	1,038	991	1,013	50,100	220	TSE
15	6460-TS	セガサミーホールディングス	1.50%	1,422	21	1.50%	1,401	1,426	1,399	1,422	2,332,600	3,314	TSE
16	6484-JQ	KVK	1.50%	745	11	1.50%	741	748	741	745	14,000	12	TSE
17	6490-TS	日本ピラー工業	1.42%	1,566	22	1.42%	1,542	1,575	1,534	1,566	118,600	554	TSE
18	6298-TS(M)	ワイエイシイホールディングス	1.42%	1,570	22	1.42%	1,538	1,579	1,518	1,570	220,500	1,268	TSE
19	6104-TS	東芝機械	1.23%	495	6	1.23%	500	501	491	495	1,177,000	479	TSE
20	6337-JQ	テセック	1.11%	913	10	1.11%	905	915	898	913	24,400	82	TSE
21	6138-TS	ダイジェット工業	1.10%	183	2	1.10%	182	183	182	183	10,000	7	TSE
22	6303-TS	ササクラ	1.03%	490	5	1.03%	490	490	490	490	3,000	1	TSE
23	6167-TS	冨士ダイス	0.92%	767	7	0.92%	762	767	756	767	77,200	368	TSE
24	6155-TS	高松機械工業	0.90%	895	8	0.90%	887	908	880	895	23,600	80	TSE
25	6258-JQ(M)	平田機工	0.90%	11,220	10					11,220	140,500	700	TSE
26	6286-JQ	静甲	0.88%	686						686	4,400	15	TSE
27	6245-TS	ヒラノテクシード	0.87%	1,395	12						1,395	83,500	434	TSE
28	6208-TS(M)	石川製作所	0.83%	1,094	9					1,094	101,600	422	TSE
29	6496-TS(M)	中北製作所	0.82%	618	5	0.82%	613	619	612	618	127,000	20	TSE
30	6424-JQ	高見沢サイバネティックス	0.79%	508	4	0.79%	505	508	501	508	9,000	8	TSE

同業種其他公司

資料來源：MONEX 證券「TradeStation」的熱門列表畫面。

③ 股票組群

　　另外，同時期上市的首次公開募股（IPO）股票組群，就算產業不同，在價格變動上也會有相同的傾向，所以過去股價如果有呈現相同變動的個股，可以把它們蒐集成一個組群來觀察。

④ 新聞

　　篩選投資對象後，在下單前要確認新聞（利空與利多資訊）。此外，股價若有變動，也一併確認新聞會比較好。

　　讓自己的畫面能同時確認委託單和新聞，這樣就能即時掌握利空或利多的消息。利用提醒功能，當有關心度較高的新聞出現時請系統通知，也是一種方法。

⑤ 1分鐘 K 線圖

　　終於要確認 K 線圖了。

　　有些人會用 3 分鐘或 5 分鐘的 K 線圖，但如果要進行 3 分鐘內就會脫手的交易，最好用最短的 1 分鐘 K 線會比較好。

　　順帶一提，K 線圖自始至終都是用來確認轉換點和價格，而非用來分析今後的走勢。

投資小知識

K 線圖的不同表現方式

　　股票市場中，最受投資人歡迎的是日線圖、週線圖。

日線圖：最早是為了分析每日價格的變動，而開發出來。

週線圖：可用來看長時間的股價行情脈絡，為日線圖的延伸。

　　而不斷買賣的當日沖銷客，則會檢視以分鐘為單位的超短期 K 線圖。

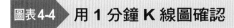

圖表4-4 用 1 分鐘 K 線圖確認

資料來源：MONEX 證券「TradeStation」的線圖分析畫面。

投資小知識

1 分鐘 K 線圖哪裡找？

以 PChome 股市（http://pchome.megatime.com.tw/）為例，可在首頁右邊的欄位輸入欲查詢個股的代碼。進入該個股的頁面後，可點選上方的「技術分析」。進入 K 線圖頁面後，可從上方選擇時間軸至 1 分，即可看到 1 分鐘 K 線圖。

（續右頁）

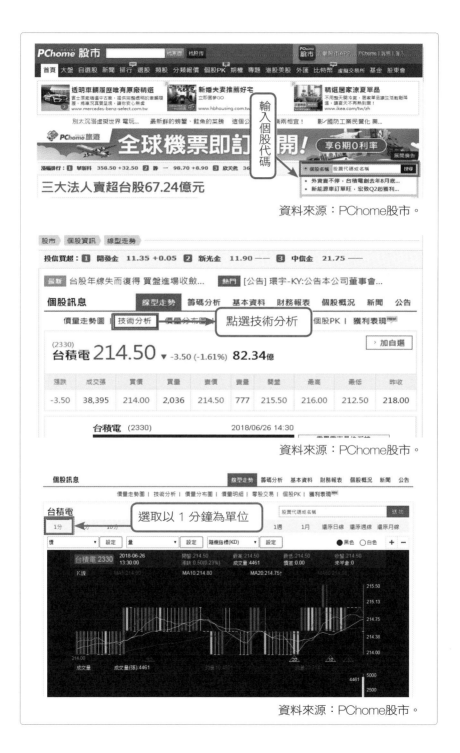

資料來源：PChome股市。

資料來源：PChome股市。

資料來源：PChome股市。

⑥ 成交明細

交易明細會以時間序列，顯示過去的成交股價和買賣股數。看起來很像單純的數字羅列，但可用來掌握市場的走勢，以及觀察大筆買單突破支撐線或壓力線時，是如何進場的。

此外，掌握走勢時，也必須確認細微的交易價位，所以不會用股數來過濾。

圖表4-5　日本個股的成交明細，成交明細可確認走勢

時間	タイプ	価格	数量	取引所	状態
10:27:26	取引	1411.00	10,300	TSE	売買気配間
10:27:26	取引	1411.00+	100	TSE	売気配
10:27:26	取引	1410.00	100	TSE	買気配
10:27:26	取引	1410.00	100	TSE	売買気配間
10:27:26	取引	1410.00	1,300	TSE	売買気配間
10:27:26	取引	1410.00	100	TSE	買気配
10:26:20	取引	1410.00	700	TSE	買気配
10:24:24	取引	1410.00+	800	TSE	売買気配間
10:24:24	取引	1409.00-	100	TSE	買気配
10:24:23	取引	1410.00	100	TSE	売気配
10:24:23	取引	1410.00	200	TSE	売買気配間
10:24:23	取引	1410.00	1,000	TSE	買気配
10:24:23	取引	1410.00	1,300	TSE	買気配
10:22:52	取引	1411.00+	100	TSE	売気配
10:22:51	取引	1410.00	100	TSE	買気配
10:22:35	取引	1410.00	100	TSE	買気配
10:22:33	取引	1410.00-	100	TSE	買気配
10:22:32	取引	1411.00+	100	TSE	売気配
10:22:31	取引	1410.00	100	TSE	買気配
10:22:31	取引	1410.00	1,300	TSE	売買気配間
10:22:31	取引	1410.00+	2,900	TSE	売気配
10:22:09	取引	1409.00-	100	TSE	買気配
10:21:47	取引	1410.00+	100	TSE	売気配
10:21:47	取引	1409.00	500	TSE	買気配
10:21:42	取引	1409.00	200	TSE	買気配
10:21:20	取引	1409.00	200	TSE	買気配
10:21:19	取引	1409.00-	2,900	TSE	売買気配間
10:20:41	取引	1410.00	100	TSE	売気配
10:20:07	取引	1410.00+	1,000	TSE	売気配

資料來源：MONEX 證券「TradeStation」的成交明細畫面。

投資小知識

個股成交明細怎麼找？

　　以「鉅亨網」（https://www.cnyes.com/）為例。點選首頁上方欄位中的台股後，可在右方找到搜尋欄位，將下拉選單選至台股、輸入欲查詢的股票代碼之後，再點選所查詢的個股。進入該個股頁面後，可在上方的「交易面」選單中，點選「交易明細」。便可看到當天該個股的各筆交易。

資料來源：鉅亨網。

資料來源：鉅亨網。

（續下頁）

台積電 交易明細

2018-07-26

時間	買價	賣價	成交價	漲跌	單量	總量
01:30:09	240.50	241.00	241.00	0.5	3799	30576
01:25:01	240.00	240.50	240.50	0	5	26777
01:24:50	240.00	240.50	240.00	-0.5	4	26772
01:24:45	240.00	240.50	240.00	-0.5	11	26768
01:24:40	240.00	24		-0.5	2	26757
01:24:35	240.00			0.5	7	26755
01:24:30	240.00			0.5	14	26748
01:24:25	240.50	241.		0	22	26734
01:24:20	240.50	241.00	240.50	0	1	26712
01:24:10	240.50	241.00	240.50	0	18	26711

可看到時間、成交價、交易量等明細。

資料來源：鉅亨網。

⑦ 委託單

以上確認完畢後，終於可以看個股的委託單了。交易用的委託單要用「所有報價」（按：臺灣股市以最佳 5 檔報價為主），掌握最後一筆交易的買賣數量，或目前市值上下的買賣單資訊。

6 ｜ 培養看出重點的眼力

到目前為止，各位覺得如何？應該會有些人覺得要確認的項目太多而感到為難。不過不用擔心，其實不需要全部一一確認，各個項目分別有確認頻率的多寡。

即時報價最重要，其他看看就好

以確認頻率來說，所有的即時報價占最多，反而不用太過重視新聞。新聞可在持有部位前或股價急速變動時確認，除此之外幾乎不看也無妨。

或許你已經知道了，本書所列舉的項目都是公開資訊，沒有什麼內幕消息。

過去股市交易給人相當封閉的印象。這是因為在過去，內幕消息會在少部分消息靈通的人士之間流通，他們照著這些資訊買股票，就會大賺一筆。

但現在內線交易的控管越來越嚴格，想靠內線資訊買賣股票獲利，已經非常困難。正因如此，我希望今後想參與股票市場的人（特別是年輕人），能培養看出資訊重點的眼力。這也是委託單投資法的獲勝祕訣。

第五章

委託單投資法的實踐技巧

1 ｜ 上班族也能實踐的當沖術！

　　說明到這裡，可能會有讀者認為「當日沖銷和白天要上班的我無關」。

　　說到當日沖銷，會給人一種從上午 9 點到下午收盤之間，一直看著電腦螢幕、反覆交易的印象。

上午 9 點開始，10 分鐘內定勝負

　　但其實也有一種當沖術是上班族能做的。這種方法不需要盯盤一整天，正適合交易時間有限的人。在短短 10 分鐘之內就能分勝負。從交易開始的早上 9 點起，到 9 點 10 分之間，就獲利回吐或同價出場。為什麼要選上午開盤的時候？那是因為這時委託單剛開始熱絡，比較有可能在短短 10 分鐘之內獲利。

　　當然，必須要找「買盤旺盛」的個股。這裡先複習一下，買盤旺盛的個股必須滿足兩個條件：

　　①**買盤高掛。**
　　②**賣盤價位往上掛。**

賣盤價位往上掛的話，如果有投資人想用比較貴的價格買股票，股價很容易就會上漲，所以比較容易獲利。

此外，如果買盤旺盛，就算上午 9 點 10 分之前無法獲利，也能有很高的機率同價撤退。再重複一次，這種方法只有兩種結果，第一種是在 9 點 10 分獲利回吐，第二種是在接近同價的地方撤退。過了 9 點 10 分之後，便陸續會有許多投資人參戰，想挑委託單冷清的個股獲利，就會非常困難。

請記得，並不是買了之後持有，**請務必在 9 點 10 分前確實分出勝負。**

步驟① 開盤之前，巡視 200 檔個股

不過，要用這種方式獲利，必須先找到買盤旺盛的個股。為此，必須巡視許多支股票，篩選出預定投資的標的。

順帶一提，我在開盤之前，會巡視 200 檔個股。

這項工作從上午 8 點開始，大概 8 點 15 分就能巡過一次。但之前看過的個股委託單，在巡視期間會逐漸產生變化。只要在 8 點 30 分巡視第二次，8 點 45 分巡視第三次即可。到了 8 點 45 分時，許多投資人會開始下單，委託單也會逐漸成形。巡視確認時，如果找到買盤旺盛的個股，請將它記錄下來（按：臺灣證券交易所則是於開盤前 30 分鐘〔上午 8 點半至 9 點〕，揭露模擬成交價格、成交張數，以及最佳 5 檔申報買賣價格、申報買賣張數等資訊）。

步驟② 用限價單進場

接著在開盤前的 8 點 55 分時，從記錄下來的個股中挑選該買哪一檔，決定好之後用「限價單」進場。

下單時，有一點要注意，就是請限價在可確實買進的價位。正如第二章解說的，如果買單多數掛在 750 日圓，那就下 751 日圓的限價單，這樣就會大幅提升買到的機率。

順利買進後，接下來要找賣出的時機。如果能用 751 日圓買進，這時買單如果從 752 日圓、753 日圓、754 日圓一路追高，我們的獲利就會增加。但切記不要深追，不管買單掛到多少，都要照前面提到的，在上午 9 點 10 分獲利了結。

反之，如果買進後賣盤股數不停增加，而且賣單一路從 755 日圓、754 日圓、753 日圓一路往下灌壓，快要逼近買進價時，就盡可能快點出場。

如果能用同價賣出是最好。若是不行的話，751 日圓買進的，至少要設法在 750 日圓拋售。

在 200 檔中約只有 3 檔，是完全符合操作條件的

在開盤階段進行的解讀委託單投資，就算把上述所有步驟都做一遍，也一樣能在 9 點 10 分左右有結果。而且順利的話，有時在 9 點 3 分左右就能結束。

所以，原本認為「白天要工作，根本不可能做短期交易」的上班族，也一樣能進行。早上交易幾分鐘，得到某種程度的獲利

之後，當天就能愉快的專心工作。這可說是真正的「一日之計在於晨」。

只要利用這個方法，即便是上班族，也能趁早上的空檔交易。實際上，來向我學習解讀委託單交易的學生中，也有人是邊工作、邊用這個方法賺零用錢。

但有一點要特別留意。

真正的操作時間會在上午 9 點開盤、到 9 點 10 分左右就結束，但要找到適合交易的個股，會非常辛苦。正因如此，才必須從早上 8 點開始（按：臺灣為上午 8 點半），巡視各種個股的委託單。大概 200 檔裡頭，只有 3 檔是適合交易的個股。

不過，透過這種方式尋覓到的個股，可是貨真價實的寶物，所以一定要把它買到手。

🏠$ 我的投資筆記

1. 開盤之前，從上午 8 點開始，每隔15分鐘一次，巡視 200 檔個股（台股則是從上午 8 點半開始）。
2. 用限價單進場。注意在上午 9 點 10 分之前獲利了結，不要長抱。

2 | 早上 10 分鐘的開盤當沖，用「買盤順向投資法」

想在早上 10 分鐘內交易，要先判斷個股在開盤前的強弱，但其實開盤前的委託單，只有四種模式。

開盤前的四種委託單模式

很多人讀到這裡，想必都會很疑惑。畢竟委託單的模式真的是形形色色，大多數的人會覺得，不知該從何看起。

其實，開盤前的委託單就只有四種模式。說到底，參加股市的投資人只有買方和賣方；說到策略，只有順向投資（按：行情看漲時買進，看跌時賣出，例如股票剛上漲時）和反向投資（按：行情低迷時買進，好時賣出，例如股價低於正常水準時）兩種，所以搭配起來的模式如下：

· **買盤順向投資。**
· **買盤反向投資。**
· **賣盤順向投資。**
· **賣盤反向投資。**

155

總括起來，投資策略也會集中在這四種。

比方說，假設前一天的收盤價為 100 日圓，且在美國芝加哥商業交易所（CME）買賣的日經 225 股價指數期貨也無巨大變動。在這個前提下看買盤，發現買盤的掛單金額高於前一天的收盤價，具體來說是 101 日圓 9 張、102 日圓 14 張、103 日圓 3 張（按：為方便解說，作者在此以張為單位）。如此便可推測，今天應該有很多投資人想買這檔個股（請參照圖表 5-1）。

這時可採取買盤順向投資或買盤反向投資兩種策略。如果是順向投資，那限價大概就要設在 103 日圓以上；如果是反向投

圖表5-1 開盤的策略只有四種

● 買盤旺盛 ＋順向投資 or 反向投資

委賣	價位	委買
10（市價）		
2	106	
	105	
	104	
	103	3
	102	14
	101	9
	100	35
	99	5
	98	
	97	46
	96	
	95	3
	94	

前日收盤價

● 賣壓沉重 ＋順向投資 or 反向投資

委賣	價位	委買
10（市價）		
3	106	
14	105	
9	104	
35	103	
5	102	
14	101	
9	100	
35	99	
5	98	
5	97	3
	96	14
	95	
	94	5

前日收盤價

資，限價就要低於 103 日圓。

反之，有另一檔股票，前一天的收盤價同樣是 100 日圓，但今天開盤前的委託單，在低於 100 日圓的地方已經有限價賣單，就可預測有很多人想要賣出。

這時一樣會有賣盤順向投資或賣盤反向投資兩種策略。如果要用賣盤順向投資，那就要如左頁圖表 5-1，用 97 日圓掛限價賣單；如果用賣盤反向投資，那掛賣的股價就要高於 97 日圓。

如上述，策略一共只有四種，而我們應該選擇的只有一種，就是買盤順向投資。因為**買盤順向投資的勝率壓倒性的高**。

買盤順向投資的勝率之所以會如此之高，是因為買方比賣方更直接。當然也會有賣盤的順向投資，因為有很多投資人想賣出，所以賣壓變得很沉重。但在這種狀況下，有時還是會有很多投資人拚命買進，如此一來，股價就不會輕易下跌，甚至還有可能被軋空。

所以開盤階段的當沖交易，應該採取買盤順向投資的策略。

投資小知識

什麼是軋空？

市場中某些操縱集團，吸納證券市場的流通股票，導致市場裡賣空股票的人，除了該集團之外，已經沒有其他來源補回股票，使得該集團可以操控股價。

3 ｜ 開盤前下單，
要用「限價單」

大概有很多人會煩惱，開盤前的單該用限價還是市價來下吧，不過想用早上 10 分鐘的開盤交易獲利，就要用限價單（按：可設定條件，如當某檔個股股價來到特定價位時，便以該價位買進等）。

用一定買得到的方法下單

下限價單時，可以的話最好分散成 5 檔個股。因為開盤前以委託單下單，有時可能會買不到。事先分散成 5 檔個股，肯定會買到 1 檔。

如果是用限價單進場，在開盤時沒買到、又忘記取消買單的話，買單可能會在股價攀升後又急速回跌時成立，最後捲入下跌走勢中，使得損失如滾雪球般擴大。因此，要先有**如果開盤買不到，就必須放棄這波走勢的覺悟**。

另外，再重複一次，在開盤前下單時，**要盡量找買盤熱絡、賣盤冷清的個股**。如此一來，在買到手的瞬間，掛高一點的價位

賣出，就能取得很大的漲幅；要是不如預期、賣盤一路往下壓時，也能立刻殺出。

但在前一節圖表 5-1（第 156 頁）左表列舉的狀況中，市價賣單有 10 張，但無市價買單，限價賣單也只有 106 日圓 2 張，所以會用 102 日圓開盤。而 103 日圓有 3 張、102 日圓有 14 張買單，消化掉 10 張市價賣單後，102 日圓剩下 7 張買單。

如果我們也用 102 日圓買進，想用同價停損時，已經有 7 張在掛買，所以會很容易脫手。

我的投資筆記

· 用限價單進場，如果開盤時沒買到，又忘記取消買單，買單可能會在股價攀升後又急速回跌時成立，捲入下跌走勢。
· 因此要有開盤買不到，就必須放棄這波走勢的覺悟。

4 | 觀察開盤前的委託單變化

　　我們實際看一下開盤前的委託單，會有什麼變化。這裡舉的例子，正是一種理想情況，要盡量找這樣的委託單。

揣摩開盤前的委託單變化

　　下頁圖表 5-2 是開盤前的委託單。

　　圖表從左上開始，依序是上午 8 點 54 分 19 秒→ 8 點 56 分 21 秒→ 8 點 59 分 50 秒，大約是每 2 分鐘確認一次所有報價變化。

　　8 點 54 分 19 秒時，只有委買、完全無委賣，但到了 8 點 56 分 21 秒後，委賣開始零星出現。另外，也能看見股價往上推升。到了 8 點 59 分 50 秒時，股價已經升破 1,700 日圓，委賣也增加了不少，而委買則變得非常熱絡。

　　特別是進行短期交易時，買盤隨時間增加，是很有利的狀況。因為在這樣的環境下，買進後可隨時脫手。可以說這檔個股在開盤的時間點，已經變化成最棒的買盤了。

圖表5-2 開盤前的委託單變化

● 8時54分19秒

委賣	價位	委買
	1,686	
	1,685	1,000
	1,684	
	1,683	
	1,682	100
	1,681	100
	1,680	800
	1,679	100
	1,678	1,500
	1,677	
	1,676	300
	1,675	800
	1,674	400
	1,673	
	1,672	700
	1,671	400
	1,670	700
	1,669	200
	1,668	300
	1,667	300
	1,666	1,100
	1,665	300
	1,664	
	1,663	
	1,662	200
	1,661	

只有委買全無委賣

● 8時56分21秒

委賣	價位	委買
100	1,699	300
	1,698	
	1,697	
	1,696	700
	1,695	
	1,694	
200	1,693	
	1,692	
	1,691	
400	1,690	600
	1,689	
	1,688	
100	1,687	1,700
	1,686	300
	1,685	1,000
	1,684	
	1,683	
	1,682	100
	1,681	100
	1,680	800
	1,679	100
	1,678	800
	1,677	100
	1,676	300
	1,675	800
	1,674	400

股價推升

委賣零星出現

● 8時59分50秒

委賣	價位	委買
	1,721	
1,000	1,720	3,500
	1,719	
	1,718	
200	1,717	
	1,716	1,200
100	1,715	600
	1,714	
	1,713	900
	1,712	1,500
100	1,711	2,800
7,100	1,710	5,000
100	1,709	500
	1,708	
	1,707	
	1,706	2,800
100	1,705	1,500
	1,704	2,800
	1,703	100
	1,702	2,800
	1,701	200
500	1,700	1,200
	1,699	1,800
	1,698	
	1,697	
	1,696	3,400

股價推升

增加不少委賣

5 | 找出意圖買進的演算法

開盤階段的演算法交易，會有幾個特徵，這和第二章提過的 VWAP 有關。

要跟意圖買進的演算法奉陪到底

法人投資人會進行大筆的股數買賣，所以有可能會影響股價。因此不管是買或賣，他們都不會直接向市場下單，而是和證券公司直接交易，請證券公司執行大筆的買賣單。因此證券公司會在 VWAP 加上一定的手續費，讓 VWAP 交易成立。

在證券公司看來，VWAP 如果和股價大幅拖鉤，可能會有損失的風險，所以從法人投資人那裡接單後，會使用演算法、讓成交價盡量和 VWAP 的股價相同。

這時如果太早下單，市場就會察覺到有買單需求，所以**會等到開盤前一刻才下單**。為了找出意圖買進的演算法，我們必須時常注意委託單，察覺委買、委賣的變化，這點很重要。

這裡將具體說明，演算法交易會如何介入。

首先以買方來看，假設有投資人在委託單的最上方（最高價）下買單，如果你看到這個狀況，可試著再高一個交易價位、

用限價單下單。如果對方馬上又往更高價位下限價單，可以肯定這就是意圖買進的演算法交易。

有可能是有證券公司用 VWAP 接下法人投資家的買單，說什麼都要讓該筆交易成立，所以才會用這種演算法交易。

看到疑似是演算法的投資人在下單，而且好幾次都比我們下的還要高一個價位時，就跟它奉陪到底吧。

當你持續下單高過一個程度後，演算法交易就不再下買單。因為演算法會預先設定好「買單可下到某個價位」，代表超過該價位後，可能會對證券公司造成損失。

除了意圖買進的演算法之外，一概不理

另外，也有不會積極下買單的演算法，這種就會規規矩矩的排在後面。但如果是這樣，我們的單會先成交，只要沒人掛更高的價位，就能買到手。反之，要是有投資人一直出更高價位，如果對方是演算法的話，不要追高、先觀察一下也是個辦法。

以上提到的是意圖買進的演算法交易。而意圖賣出的演算法，也有其特徵。該特徵是當賣盤一路往下拉時，肯定會在某處止住價位、不再往下灌。這表示只要沒有其他人掛更低的限價賣單，演算法就只會賣在該價位。

換句話說，請把這種情況想成是演算法「我不想用更低的價位賣出」的意思表示。

6 | 當沖觀點的突破買賣法

接下來在本節中，我想為各位講解，以突破為目標的委託單投資法。

在賣單集中的價位要被突破前下單

說到突破，最近受矚目的話題是「突破創新高」，意指睽違半年或一年後突破過去的高點，股市買賣突然把交易熱絡的個股推到創新高價位的手法。其思維是創下新高後，該價位以上就不會有賣單，所以股價會加速上升。

當然，也有投資人會靠這樣獲利。但理所當然的，創新高的個股股價，今後不見得會繼續上漲，有些個股會因為上漲力道用盡而轉跌。

因此，以創新高為目標的投資人，會用停損進行嚴格的風險控制，提防股價在創新高後下跌。

另外，「突破買賣法」中，有一種和創新高突破截然不同的買賣法。這種方法不像突破一樣，以線圖上的新高為目標，而是在賣單集中的價位要被突破前下單。

前者比較類似用波段（按：認為股價波動有固定模式，在低

價時買進、高價時賣出）時間軸進行的突破買賣法，而後者則完全是當沖角度的突破買賣法。

　　賣單最集中的地方，比方說常會在股價 1,000 日圓或 1,100 日圓之類的整數關卡，看見大筆的限價賣單。

　　像這樣，突破限價賣單集中的地方後，就會提高股價直線上升的可能。找到這種個股，在它突破的前一刻先做好準備，這就是解讀委託單交易的突破買賣法。

在突破點買進是三流手法

　　解讀委託單投資的突破買賣法，是在賣單集中的價位快被突破前下買單，所以一天中會有好幾次機會。實際看委託單就知道，大筆訂單會在賣盤出現好幾次。

　　上班族也能進行前面所提到、在開盤後 10 分鐘內交易；但這裡提到的突破買賣法必須確實盯盤、看見突破瞬間，否則不會成功。這表示此方法是整天守在電腦前面的專業營業員，才能利用的投資手法。

　　另外，要挑突破點買賣時，有一點必須注意，在突破點持有多頭部位，可以說是三流手法。這是因為突破點充滿了不確定要素，如果想在突破點買進獲利的話，就必須**要有買下大部分限價單的覺悟**。

7 | 突破買賣法就像戰國時代攻城門

我一直覺得，突破點投資，就宛如日本戰國時代的攻城門。

衝第一的風險很高

確實，參加攻城戰，會有「一番槍」這種對武士來說最棒的戰功。但所謂的一番槍，是兩軍對峙、準備進入混戰時，第一個衝入敵陣後用長槍殺死敵人的人才能獲得，同時也是非常危險的任務。

這麼做的人通常會戰死沙場。畢竟不管哪一座城池，城門的防守都是滴水不漏的，想要攻破城門，風險會非常高。

突破投資法就和攻城門一樣。為了攻破突破點這道城門，可能會被迫付出很大的犧牲。要第一個衝入敵陣拿戰功，就要有馬革裹屍的覺悟。要是我的話，會在攻城門前，先拿下敵人首級獲取戰功，這樣就能提高之後作戰的自由度。

至今都沒立功的武士會想去搶一番槍，但如果你早就拿下好幾顆敵人首級，就能看戰況再決定是否參加攻城戰。如果情勢不對，只要想辦法別讓自己戰死就好。

167

　　總而言之，在攻城前先立下某種程度的功勞，就不用勉強自己第一個衝入敵陣搶功。

委託單上出現的突破點攻防戰

　　這裡會用實際案例來說明，請參照圖表 5-3。

　　首先是突破點。這就是貨真價實的攻防戰，我方不停發動攻勢，而敵方也頑強抵抗。

　　圖表 5-3 中，在 1,650 日圓時，有 7,900 股掛賣，壓住了想突

圖表5-3　突破前的投資人動向

委賣	價位	委買		委賣	價位	委買
	1.658				1.658	
	1.657				1.657	
	1.656				1.656	
700	1.655			700	1.655	
	1.654				1.654	
	1.653				1.653	
100	1.652			100	1.652	
	1.651				1.651	
7,900	1.650			5,200	1.650	
1,600	1.649				1.649	
400	1.648				1.648	100
	1.647				1.647	400
	1.646	500			1.646	100
	1.645	900			1.645	900
	1.644				1.644	
	1.643	200			1.643	
	1.642	200			1.642	300
	1.641	600			1.641	400
	1.640	4,600			1.640	4,600

賣單壓住了買方勢力

買方勢力

只減少了2,700股

破的買方勢力。

　　而攻方（買方）為了突破 1,650 日圓這道城門，買單便前仆後繼的湧了上來。

　　這場仗很快就分出了勝負。看委託單就知道，原本委賣的 7,900 股，到最後只減少了 2,700 股。這麼一來，守城的勢力就會反攻。

　　一方面，在攻城戰前早就有戰功的武士，會覺得不想戰死在這裡，所以先撤退，也就是落袋為安了。

　　而果敢參加攻城戰、想在此立下戰功的武士，會因為守城敵軍出乎意料的奮戰而訝異，覺得必須重整態勢並撤退。但原本的果敢攻城帶來了反效果，在意圖撤退時，紛紛被敵軍的箭矢擊中斃命，這正是停損。

　　而且對於在 1,600 日圓附近買進的投資人來說，如果升到 1,650 日圓後，又回跌到 1,640 日圓，那還有 40 日圓的利潤，所以會馬上賣掉。

　　像這樣，原本便宜買進的投資人，會因為自己還有充足的利潤，所以拋售時會非常隨便。他們怕用限價、結果價位跌太快而賣不掉，所以會直接以市價賣出，結果使得股價大幅下跌。

　　另外，在 1,650 日圓的突破點買進的投資人，停損賣單肯定會設在少 5 日圓的 1,645 日圓左右。但實際成交的價位大都會比 1,645 日圓還要更低，陷入這種狀況的投資人，會解除限價、用市價拋售。

　　不過，因為在 1,640 日圓的價位有 4,600 股的買單，所以在突破點買入的投資人，會覺得至少能在這個價位逃掉而進場。

　　再仔細看，在 1,648 日圓的價位，賣單有 400 股。觀察此時的成交明細（請參照圖表 5-4），會發現 1,650 日圓的 700 股買進上方，有多筆 100 股或 200 股之類的小額買進。可推測此處買進的，是想突破的短期投資人。這些人持有的時間很短，覺得無法突破的瞬間就會同時拋售。

圖表5-4　突破前的成交明細變動

時間	價位	交易量
14:31:08	1,650	1,000
14:31:08	1,650	100
14:31:07	1,650	200
14:31:06	1,650	100
14:31:06	1,650	100
14:31:05	1,650	100
14:31:05	1,650	200
14:31:05	1,650	700
14:31:05	1,650	500
14:31:04	1,649	300
14:31:04	1,649	300
14:31:04	1,649	700
14:31:02	1,649	300
14:31:02	1,648	300
14:31:02	1,648	400
14:31:00	1,648	800
14:31:00	1,647	200
14:30:57	1,647	700
14:30:55	1,646	300

在突破點的買賣中，會累積多筆小額的買單。

8 ｜ 想在突破點獲利，
　　　要確實觀察供需

　　委託單資訊，會告訴我們很多事。

　　例如，請參照突破失敗時的委託單（下頁圖表 5-5 左表）。
1,652 日圓的價位有 100 股的委賣。這筆賣單是在碰運氣，在等運
氣好突破價位而獲利。

　　其實，如果大家在 1,650 日圓的 5,200 股一起拋售，這名碰運
氣的投資人可能會損失 2 到 3 日圓，如果他又繼續緊抱、打死不
退，可能會被迫面臨損失 10 日圓的狀況。

　　實際上觀察成交明細（請參照下頁圖表 5-5 右表），會知道
有很多投資人已經拋售，當然他們都已經獲利了。這些人正是攻
城門前已經立下戰功的武士，在便宜價位買進的投資人還有獲利
空間，所以會在這裡賣出、求落袋為安。

　　再加上看準股價會大幅上漲而買進的搶帽客（按：為了搶短
利而頻繁進出的投資人），也在突破點 1,650 日圓時賣出。結果供
需狀況一口氣往下推，逐漸使得行情下跌。

圖表5-5 形成下跌行情的機制

委賣	價位	委買		時間	價位	交易量
	1,656			14:31:13	1,642	200
700	1,655			14:31:13	1,644	100
	1,654			14:31:13	1,645	700
	1,653			14:31:13	1,645	100
100	1,652			14:31:12	1,645	100
	1,651			14:31:12	1,646	100
5,200	1,650			14:31:12	1,647	100
200	1,649			14:31:12	1,647	100
	1,648			14:31:12	1,648	300
100	1,647			14:31:12	1,648	100
200	1,646			14:31:10	1,648	200
	1,645			14:31:08	1,650	1,000
	1,644			14:31:08	1,650	100
	1,643			14:31:07	1,650	200
	1,642	100		14:31:06	1,650	100
	1,641	400		14:31:06	1,650	100
	1,640	5,300		14:31:05	1,650	100

（委買欄說明：想落袋為安的人和搶帽客的拋售）

（委賣欄說明：發生局部性的供需不平衡）

大筆買單會整頓供需

在此之後，這檔股票的委託單會如何變化？因為大家拋售的緣故，在 1,650 日圓的地方出現了 1,000 股、1,000 股、2,500 股等 3 筆大筆買單（請參照右頁圖表 5-6 ）。這和之前出現的許多小筆買單不同，是大筆的買單需求。

只要下了大筆買單的投資人不賣出持股，股價就不會下跌。只要稍微堅持一下，供需就不會有不穩定的狀況，較高價位的賣出壓力也就不會那麼沉重。然後，股價就在這裡突破了。

圖表5-6　假跌破後的動向

委賣	價位	委買		時間	價位	交易量
	1,657			14:31:21	1,652	100
	1,656			14:31:21	1,650	2,500
1,200	1,655			14:31:21	1,650	1,000
	1,654			14:31:20	1,650	1,000
	1,653			14:31:19	1,650	300
	1,652			14:31:18	1,649	100
	1,651			14:31:18	1,649	100
	1,650			14:31:15	1,650	400
	1,649			14:31:15	1,649	100
	1,648	300		14:31:15	1,648	200
	1,647	700		14:31:15	1,647	100
	1,646			14:31:15	1,646	100
	1,645			14:31:13	1,642	200
	1,644			14:31:13	1,644	100
	1,643	100		14:31:13	1,645	700
	1,642	200		14:31:13	1,645	100
	1,641	900		14:31:12	1,645	100
	1,640	5,200		14:31:12	1,646	100

上檔賣壓被消化而轉突破

1650日圓的價位共有4筆買單

實際上這種狀況會重複好幾次。會有人反覆做空製造假跌破。等到賣出壓力沒那麼沉重後，才會真正的突破並一路上漲。

崩盤後，所有人都會拋售

拿這檔個股來說，成功突破 1,650 日圓的價位後，股價雖然瞬間上升，但很快就轉跌了，接下就會跌得一塌糊塗（請參照下頁圖表 5-7）。

前一次跌到 1,640 日圓後又回升，所以大多數的投資人或許覺

圖表 5-7　股價無法突破時的動向

限價賣單的狀況留在較高價位，不樂觀。

棄守的搶帽客紛紛脫手

逃太慢的限價賣單

買盤冷清

委賣	價位	委買		時間	價位	交易量
100	1,651			14:32:08	1,633	100
900	1,649			14:32:05	1,631	200
	1,648			14:32:04	1,636	100
600	1,647			14:32:04	1,637	100
500	1,646			14:32:04	1,640	1500
	1,645			14:32:03	1,640	300
	1,644			14:32:02	1,640	300
	1,643			14:32:01	1,641	200
	1,642			14:32:01	1,642	200
	1,641			14:31:57	1,646	100
700	1,640			14:31:54	1,651	600
	1,639			14:31:54	1,651	100
	1,638			14:31:54	1,649	500
	1,637			14:31:54	1,648	200
200	1,636			14:31:54	1,645	100
100	1,635			14:31:53	1,642	200
	1,634			14:31:53	1,645	400
	1,633					
	1,632					
	1,631					
	1,630	100				
	1,629					
	1,628	200				

得股價會再回來。好像有很多人在下跌後還繼續忍耐，但之後股價真的崩盤，所有投資人也只好拋售。實際上大家仰賴的1,640日圓這個價位，瞬間就跌破了。

　　從結論來看，想在突破時獲利，必須仔細觀察供需關係。在回跌時，搶帽客的拋售和便宜買進者的停利會同時出現，湧現的賣出壓力會非常巨大。所以突破買賣法沒成功時，就如同攻城門失敗一樣，會付出很大的犧牲。

確實準備好退路

攻城門時要確實做好預判，必須找到勇猛的大將、和他一起在攻城門前就先獲利了結。換句話說，必須在抵達城門前就結束戰鬥。

然後利用供需等狀況，仔細觀察到城門為止的流程，來判斷跟著這位大將是否真的沒問題。實際來看，城門不會一受到攻擊就立刻打開。必須在某種程度的犧牲下，持續奮戰才能撬開城門。所以，請不要第一個就衝進去。另外，確實準備好退路也很重要，要讓自己就算戰敗負傷也逃得掉。

那麼，突破買賣法最後也必須在某處停利或停損。老實說，能否靠突破買賣獲利，有時要試過才知道。重點是要在突破點前先下手。如此就算無法突破而回跌，也能有餘力逃走。另外，為了讓自己逃得掉，而不蒙受巨額損失，買盤必須要有某種程度的熱絡。

留意以上這兩個條件，之後不管是停利還是停損，都能巧妙清算持股。

9 每天持續小賺，
每月加薪數萬不是夢

聽到當日沖銷，大家可能會先入為主的認為，營業員手上會有以億日圓為單位的資產可操作。但就算沒有那麼多資金，也能創造某種程度的獲利。

一次交易的獲利目標為 0.5%

假設一天賺一萬日圓，每月總共獲利 20 萬日圓。以開盤交易為中心，只交易到上午 9 點 10 分的話，這是非常有可能實現的金額，就算是業餘投資人也能達成。如果每月有 20 萬日圓獲利，再加上自己的薪資，生活水平就會有一定程度的提升。認為無法靠股市投資月入 20 萬日圓的人，請想想以下的問題。

假設一次交易獲得 10 日圓，交易 300 股就會獲利 3,000 日圓（按：臺灣的情況以 1,000 股計算，則為 1 萬日圓，約新臺幣 2,700 元），一天只要重複 3 次就能賺到 1 萬日圓左右。

等到交易技巧更熟練，一天能賺到 10 萬日圓（按：約新臺幣 2 萬 7,000 元）的話，一個月的收入就會是 200 萬日圓；換算成年

收就是 2,400 萬日圓，稅後也有 1,920 萬日圓（按：日本國民的投資所得稅率為 20.315%）。這足夠讓你過奢侈的生活。一天能獲利 10 萬日圓，等於上、下午盤各賺 5 萬日圓即可（按：臺灣只有上午開盤，但日本股市上、下午各開盤一次）。

這絕非天馬行空的數字。買到某種程度的股數後，只要確實執行委託單投資法，就能確實賺到這筆錢。

手邊的資金只要有 300 萬日圓，利用信用交易帳號，就能有 900 萬日圓的額度。假設融資了 500 萬日圓，獲利 1% 就是 5 萬日圓。所以只要進行兩次交易即可。

投資小知識

信用交易的操作額度

利用信用交易，往往可操作更大的額度，但依然有條件限制。以富邦證券信用帳戶的開立條件為例，其中一項為近一年之年所得及各種財產計達所申請融資額度之 30%；而可申請的信用交易級數，由第 0 級的 30 萬元到第四級的 1,500 萬元。

如果每月獲利只要 100 萬日圓就足夠，那獲利的目標門檻就再下降。每天只要獲利 5 萬日圓，所以一次交易只要獲利 **0.5%** 就能達成。

但這種靠小額獲利慢慢累積的方式，如果市場的波動過大，那麼好不容易累積的獲利，可能會因為瞬間的價格變動而付諸流水，所以要盡量選擇股價穩定的個股。

請一邊觀察委託單資訊，挑選成交量至少有 1,000 張或 2,000 張的個股。

思考自己的目標金額

在訂立目標金額前應該仔細想想，自己是要像個當沖客一樣、以此為專業過活，還是只想靠投資補貼每月的生活費。

正如前述，如果只是想補貼每月的生活費，那就要先思考自己想獲利多少。假如手邊有 300 萬日圓可投資股市，同時想靠交易賺取的目標金額是每月 30 萬日圓時，靠信用交易用 300 萬日圓的現金作擔保，就能持有 900 萬日圓的部位，所以每個月只要獲利 3.3％ 就能實現。

每個月 3.3％，假設可交易天數是 20 天，每天的目標獲利就是 0.165％。

假設本金是 900 萬日圓，每天的獲利額就是 1 萬 4,850 日圓（按：約新臺幣 4,010 元），所以上、下午盤只要能分別穩定獲利 7,425 日圓，就能充分達成目標（按：若以書中所舉例子試算，300 萬日圓約新臺幣 81 萬元，想靠交易賺取的金額為每月 8 萬 1,000 元，靠信用交易用 81 萬元作擔保，就能持有 270 萬元的部位，每個月只要設定獲利 3％ 為目標）。

像這樣，養成從目標金額反推的習慣，就是靠解讀委託單交易、聚沙成塔的訣竅。但有很多營業員做不到這一點，總之請試著學會這個訣竅。

10 | 先決定每天最多能賠多少

為了讓自己能穩健累積獲利，必須做好風險控管。確實遵守每次的停損十分重要，同時也要設定每日最高的損失金額。

停損額為每日最高可獲利額的一半

假如設定每次停損為 5 萬日圓以內，第一次的停損是 4 萬9,000 日圓。

但之後又出現虧損，第二次也是在 4 萬 9,000 日圓時停損。因為每次的停損額都是 5 萬日圓以內，所以這兩筆交易都按照規則進行。

但你不覺得有些奇怪嗎？

的確，每次的停損額是在 5 萬日圓以內，但如果未決定每日的停損額，損失可能會比想像中更大。實際上，每次的損失額控制在 4 萬 9,000 日圓，當下看似確實做好風險控管，但這天的兩次停損，合計已達 9 萬 8,000 日圓。

假設同樣的事情重複發生 10 次，損失額就會達 49 萬日圓。如果用 100 萬日圓當保證金、開立信用交易帳戶，這筆損失會高達保證金的一半。虧損後會更起勁的人，往往容易越陷越深，所

以應該先決定好每日的停損額。

那麼該如何決定每日的停損額？假設一天最多可獲利 5 萬日圓的人，如果停損額設為 10 萬日圓，就會一路賠下去。說到期待報酬和損失額之間的關係，就是每日停損額不能高於過去的每日最高獲利額。如果以往的每日最高獲利是 5 萬日圓，那每日停損額就應該控制在 2 萬 5,000 日圓，否則永遠無法扳回損失。

意識個股的波動性

還有，有一點在設停損線時很重要，除了前述的每日最高獲利額之外，最好還要意識到個股的波動性。這點意外的重要，很多人在設定停損線時，都會忽視波動，這麼做可能會導致超出自己容許範圍的損失。

假設每次停損額設定為 2,000 日圓。但有些個股，光是跳一個交易價位，損失就會超過 2,000 日圓，所以最好避免跳一檔就會達到每次停損額的個股。

我的投資筆記

· 停損額應設為每日最高可獲利額的一半。
· 注意個股的波動性，要避免跳一檔就會達到每次停損額的個股。

第六章

心理比技巧更重要，比看盤更重要的 10 件事

重點 1　身體不適就先休息

　　這是基本中的基本。身體不適時，做交易也不會有好結果。

　　這是我在自營營業員時代的教訓。當時我就算感冒、身體不適，只要還沒做到當月業績目標，我就會勉強自己上班衝業績。因為我會聽見腦中的惡魔呢喃著：「今天搞不好有機會獲利。」

　　都已經發燒、腦袋昏昏沉沉了，在這種狀況下還勉強交易，結果會如何？不僅有可能接連犯下平常不會犯的錯誤，甚至是下錯單。屆時別說獲利了，傷害只會越來越大。

　　在旁人眼裡看來，營業員只是看著畫面、隨便按幾個鈕而已，但其實並非如此。因為在按鈕前，必須做許多判斷，一切都是經過深思熟慮，所以不是單純未經思考就按鈕。

　　但有個問題比身體狀況更大，那就是「欲望」。

　　自己所交易的個股正在上漲時，如果因生病請假而沒搭上漲勢，那可是會讓人非常懊悔。光是這樣，就可能會對心理造成衝擊。有些人就是因為討厭這種情況，所以就算身體不適，也要勉強自己交易。

　　我十分理解這種想獲利的心情，但正如前述，要是犯下天大的失誤，可就賠了夫人又折兵了。

不只是感冒等不適的時候，
身體出現疼痛時，最好也不要交易

順帶一提，我有偏頭痛的症狀。當我覺得身體有點不對勁時，會吃藥或去醫院一趟、調整身體。知道自己老毛病的人，要確實做好對策。

同樣的，宿醉時基本上也不建議做交易，因為會導致誤判。

不過，也有營業員會故意讓自己宿醉。他的說法是「我不擅長做上午盤的交易，早上實在跟我八字不和，所以我下午時才會進場」。

證券公司的營業員可以一直看報紙或雜誌，想幾點到公司上班都行，只要有獲利，沒人會責怪你。就某種層面上來說，這該說是極端的個人主義嗎？應該說，這份工作要徹底對自己負責。相對的，如果沒獲利，就只能捲鋪蓋走路。

總結來說，宿醉或生病、發高燒時，是不可能做好交易的，所以最好一開始就別進場。最好要求自己，在身體狀況欠佳時先休息。

重點2　想要討好兆頭？
根本沒意義

　　跟行情這種捉摸不定的東西打交道時，就會想要依賴一些好兆頭。我認識很多前輩營業員都是這樣。

　　以食物來說，在兜町（按：指日本橋兜町，位於東京中央區，是東京證券交易所的所在地，同時該地區也有許多證券公司，因此兜町可說是日本證券市場的象徵，類似美國的華爾街），有些東西是不能吃的。其中嚴格禁止蝦子和螃蟹，因為蝦子的身體是彎曲的，象徵「行情走勢與預期相反」。螃蟹是橫著走，象徵不受市場歡迎的「停滯」。

　　反之，天婦羅則是很受歡迎的食物，因為日語中的「油炸」音同「上漲」（按：讀音都是agaru）。另外，因為日語中的「鰻登り」一詞有直線上升的意思，漢字有個「鰻」字，所以鰻魚也受兜町人喜愛。這不禁讓人認為：「這根本是某種中老年大叔愛玩的文字遊戲吧？」

　　另外，在兜町，有很多人不參加商店街的抽獎活動。詢問原因，他們會說：「因為每個人的運氣有限，而且會慢慢用完，所以不想浪費在商店街抽獎這種小事情上。」我一直覺得這根本無關緊要。

反之，我曾經遇過一個運氣非常好的營業員。他是一個很正向的人，例如在派對等舉行抽獎活動時，他會站在獎品前面突然說：「我覺得我會抽到這個，對，會抽到！」結果真的很常叫到他的號碼，而且還是前幾名的獎品。

我跟他認識了 10 年，知道他在人生的轉捩點上，都會確實的往好的方向前進。老實說，看到這一類的人，就會覺得討吉利、好兆頭什麼的，根本無關緊要。

重點 3　就算施加壓力，也無法鍛鍊心智

　　討吉利也好，相信某種迷信也罷，說到底，為何要做這種不科學的事？到頭來都是因為心理層面作祟。

　　要靠某些東西讓自己心安倒是可以，但如果能靠自己調整心理狀態，就不需要依靠迷信或討什麼吉利。

　　如果想鍛鍊心智，大家會想用什麼方法？有人會故意製造龐大壓力來磨練自己，認為只要持續承受極大的外在壓力，或許總有一天就會習以為常。

　　但很遺憾的，根據我自身的經驗，不管承受多大的外在壓力，都無法鍛鍊心智，再怎麼施加壓力都沒有用，只會讓自己的內心變得殘破不堪，所以最好別這麼做。只要理解自己什麼不能做、該做什麼，就能調整自己的心理。反之，如果自己無法信服，心情上就會產生波動。

　　我現在也一樣，有時在交易中會無法控制自己的內心。在這種時候，我會減少交易的單位。不過，即便降低交易單位，交易還是在進行，所以這種時候我會分帳戶，下定決心選擇只有少量資金的帳戶來交易。這樣就算虧損了，對整體資金也不會有太大的影響。

　　自己的個性當然自己最清楚。我的個性是經常容易衝動的類型，所以當太過衝動、使得心情受影響時，我認為唯有減少交易單位才有用。其實對於心理，我也曾有誤解，以前我認為大量增加部位，或多次撐過嚴峻的局面，就能鍛鍊心智。

　　然而，刻意增加投資部位，幾乎沒有意義。交易的基本，是取得符合當下情況的部位。就算買進許多每日成交量很少的小型股，也只是讓自己的部位暴露在風險中罷了。

　　的確，至今只交易 100 股的人，突然要交易 200 股時，第一時間應該會感到恐懼吧。所以我明白想增加交易股數、讓自己習慣的心情。

　　但最好還是客觀的看自己的交易成績，藉此判斷是否應該增加交易量比較好，例如以「如果能維持這樣的勝率，再增加一些也無妨」的想法面對。這和鍛鍊心智是不一樣的。

　　我常會遇見一些投資人覺得「自己在心理上太脆弱，所以在最關鍵的決勝點才會輸掉。」越是這麼認為的人，越會像前述情況一樣，刻意讓自己背負過大的風險，想藉此鍛鍊心智，但這麼做是不正確的。

　　維持一貫的交易技術，確實設定好獲利目標和停利停損額，就不需要恐懼。追根究柢來說，只要動腦思考和磨練技術，就不需要煩惱心理太脆弱的問題。

　　股市交易最重要的是邏輯，只要邏輯能通，交易受心理層面影響的部分就會變小。

重點 4　排除焦躁

這點也和心理層面有關，與調整健康狀況一樣重要。

在過度焦躁的狀態下，處理方式和健康狀態惡化時一樣，最好不要進行交易，會比較安全。

焦躁有時是源自於股市交易，也會因為一些雞毛蒜皮的小事而產生。無論如何，如果在交易前心情就很煩躁，那肯定不會順利。所以最好遠離會讓自己焦躁的事物。假如客滿的列車常會讓你焦慮，那就改搭人潮較少的第一班列車，或是住在能走路上班的地方。曾有一位前輩營業員對我說：「要是有人在客滿的列車上撞到我的右手，我那天的交易就完蛋了。」

營業員的世界中，就是有這麼多人對於調整心理如此固執。這是因為他們知道，有些事情無法靠自己的力量左右，所以這樣做絕對不是壞事。

很多事情本來就是小事，硬要去在意的話，根本沒完沒了，但不可能有人對任何事情都能泰然自若，重點還是在於避開讓自己焦躁的根源。必須先找出自己煩躁的原因，這樣在心理上就會逐漸安定下來。

另外，接受他人建議，也是一種好方法。這裡不是指依靠宗教。最好的做法，是請說話有條理又值得信賴的人給你建議。

人們很難客觀看待自己，所以他人的建議會很有用。特別是剛開始在股市交易時，會遇到許多事無法以自身不足的知識與經驗解決，所以向值得信賴的人請教便很重要。換句話說，就是找到一位好老師。

我在新手時代，連該在哪裡停損都不知道，也不懂早三步預測市場。當時我座位附近的前輩，教導我許多知識。

那位前輩能早五步預測市場，我拿自己覺得還會再漲的個股去徵詢他的意見時，他會從不同的觀點給我一些建議，例如「不、不會再漲，這個數字之前有這個數字吧。所以也能想見會下跌」等，這些說法連我自己都能認同。

所以最好要有一個人，能在技術和心理兩方面協助自己，才會是比較好的做法。

重點5　不需要找競爭對手

　　為了提升股市交易的技巧，你會需要老師，但不需要競爭對手。競爭對手可說是一點意義也沒有。

　　如果是棒球或網球等運動，能彼此切磋、琢磨的競爭對手相當重要。但投資股市時若過度在意別人，到頭來可能會讓自己的心理受到打擊。

　　在營業員的世界中，如果某人賺到了巨額的獲利，而另一個人沒賺到半毛錢，這時前者能獲得高額獎金，而後者只能領最低限度的死薪水。換句話說，這完全可說是一種個人競技。不管你多羨慕賺錢的營業員，自己的獲利也不會增加，對方也不會細心的教你交易的手法。何況，視其他營業員為競爭對手，根本沒有任何好處。

　　聽我這麼一說，似乎會有人說：「你們營業員不是會相互比較獲利多少嗎？」

　　但說到底，比獲利又有什麼意義？把其他營業員當成競爭對手，覺得「那傢伙這個月賺 100 萬日圓以上，我只有賺到 10 萬日圓，必須想辦法逆轉才行」，這種想法根本沒有意義。反而會因為沒能贏過他，而讓自己急躁，使得心理狀態朝不好的方向發展，反而會加深自己的傷口。

　　觀察賺錢的營業員，你可能會覺得對方一定有某種獲利的訣竅。為什麼他這麼會賺錢？如果你能徹底挖掘這一點，把訣竅變成自己的東西來增加獲利，這是最好的，但多數人通常會被嫉妒支配。到了這種地步，你就算想去問他獲利的理由，也拉不下臉。從這個角度來看也一樣，把其他營業員當作競爭對手根本毫無意義。

　　與其視對方為競爭對手，不如把對方當成我們的師父比較好。「這個人獲利比我還多，真的好厲害。」應該像這樣把自尊心擺到一旁、去佩服對方才是。

重點 6　讓規則更簡單一些

有很多投資人，會設定一些沒有意義的規則。

例如，有些營業員會禁止自己交易某些個股，理由是「損失會很大，所以不做交易」。這些人大概覺得，能買賣的個股有這麼多檔，禁止自己交易其中的一、兩檔，以大局來說，應該不會造成太大的影響。

但會禁止自己交易某些個股，單純只是因為學習不足。常見的例子是只看排行榜，覺得「這檔股票正在漲」，然後不仔細做功課就下單交易，最後賠錢出場。這就是學習不夠所導致的實力不足。說到底，**只要事前固定觀測該個股**，根本不需要禁止自己交易它。其他還有線圖相關的規則，你可以學習各種技巧，但有些人會限制自己一定要等某兩條線交叉，才會進場或出場。如此細膩的規定，讓人不由得感到佩服。

但就算設下這些關於交易的規則，也幾乎沒什麼人會全部遵守。曾打破一項或兩項規則的人，不如別立規則還比較好。

我認為，交易相關的規則只要有兩項就好。**首先，買進前要先決定好停利和停損點**。只要確實遵守，我想在交易時自然就會順利。

還有一項，正如第五章所說明的，就是應該**先決定好每日的**

最高停損額。否則就算設定了停利和停損點，也很可能會賠得一塌糊塗。

　　交易的規則頂多就是這樣。特別是新手，最好不要一開始就設定奇怪的規則，因為初學者必須記住賠錢的模式。

　　剛開始制訂一人堆規矩，發現自己交易時竟然都不會賠錢後，人就會開始自滿。但在投機的世界中，不會有人一直贏下去。正因如此，剛開始必須親身累積失敗的經驗。

重點 7　新手失敗，不需要沮喪

散戶最不好的地方是，對賠錢會非常悲觀。

任何人都會蒙受損失。請用棒球來思考，再優秀的打者，打擊率都不會超過四成。交易也是，期待值也頂多五成。

「在這裡進場會很危險，但順利的話會大賺一筆」，在這種局面下，真的出手可能會大賺一筆，但也可能被反咬一口而蒙受巨額損失。當然，也有踏實累積獲利的情況，不過就算是歷經風雨而屹立不搖的營業員，也絕對不可能百戰百勝。所以根本沒必要對失敗太過悲觀。

因為投資虧損，就賭氣跑去睡覺或喝到宿醉，這樣實在毫無意義。要是真的這麼做，隔天開盤你還能交易嗎？有時間喝個爛醉，不如複習今天為何會虧損，然後做好準備、迎接明天的戰鬥。整理今天失敗的原因，同時制訂今後的策略，應該把這些都做完了才去喝酒，而且只能小酌，別讓自己宿醉。

人在賠錢時，都不想面對自己的交易結果。你不會想看自己的收益，也不會想回顧至今最糟糕的交易場景，但這是你的功課，必須完成它才行。

最糟的例子，就是當損失擴大時，便想把螢幕關掉、跑去睡覺的人。他們似乎覺得「睡醒了，搞不好股價就又回來了」。大

家都說這叫做「睡眠投資法」，但這種逃避現實的方法，根本不可能會管用。

當然，如果確實做好停損，才賭氣跑去睡覺，倒也還好。但如果你是不想看到股價跌到谷底才去睡覺，還期待一覺醒來，股價就會回來的話，這種事是不可能會實現的。越是討厭的事情，就應該先看個仔細，新手更應如此。透過這種做法，能逐漸累積案例與經驗，只要記住自己哪裡做錯，應該就已經足夠了。

新手學習交易，要先記住虧損模式。減少損失，別在奇怪的地方入場，是最快的進步方法。到了中級程度，會反覆犯下相同錯誤，所以應該花時間和比重，預習明天該做什麼樣的交易。

無論如何，不需要太過悲觀。性格真的很悲觀的人，只能設法改變自己的想法了。投資新手一遇到損失，常會說：「哇，居然賠了這麼多。錢少了好多。」然後整個人變得很消極。但畢竟大家都是了解股市投資就是會這樣，才開始進場投資的，會虧損很正常。這點就算悲觀，也無可奈何。

還有，也不要後悔，因為這毫無意義。就算再懊悔，時間也不會回溯；如果覺得自己壓錯寶了，只要拋售就好。

有些人會花很多時間買衣服，這些人買了衣服後，大都會懊悔。日常生活中常常後悔的人，在股市交易中也常會如此。所以買衣服也一樣，要買什麼都好，重點是買了就不要再懊惱不已。在日常生活中養成不後悔的習慣，就能夠套用在交易上。

然而，太過正面積極也不行。

會大放厥詞「這種程度的損失無關痛癢」的人，有可能會讓虧損變得非常龐大。不管做什麼事，中庸之道都是最重要的。

重點8　買進賣出時 別和戰友互通聲息

　　遇到不管怎麼看、都應該拋售的狀況時，有些人不知道為什麼，會強忍著繼續持有。大概是覺得，只要自己撐下去，就能否極泰來。我把這稱為「微不足道的男子氣概」，會造成不小的悲劇，通常結果都是賠大錢。

　　我在證券公司擔任營業員時，交易室裡一定會有這種人。他如果是自取滅亡就算了，但不知為何，這種心態總會影響到周圍的人。這應該可稱為是某種集團心理吧。

　　「你已經拋售了嗎？」
　　「這邊應該會反彈吧。」
　　「我可不會賣喔。」
　　「那我們就再凹一下看看。」

　　他們會有這樣的對話，並產生奇怪的團隊感。之後，大家再一直持續緊抱之類的。接著，稍微過了一段時間，他們就會開始冷靜下來。

「已經不行了。」

「那就拋售吧。」

到了這個地步，大家才會一起拋售手中的持股。

然後經理就會跑過來問：「你們幾個今天好像停損了很多單，到底是怎麼交易的。」結果大家下班後，美其名是要去開反省會，其實是一起去喝酒。

如果是個人營業員的話，最近大家會用推特（Twitter）等社群網路服務（SNS）即時發布資訊，如果有其他很多比較敢衝的營業員，有時自己就會受影響而捲入奇怪的團隊感，結果打亂自己的市場觀點。這會讓停損變得不確實，甚至可能讓損失擴大。

這時，我反而會建議快點逃命。

在股市交易的世界中，逃跑絕對不是可恥的行為。在第三章解說的同價買賣練習，就是要讓大家學會最佳的逃命技巧。

賺大錢的確很厲害，但更厲害的是能逃得掉。實際上，任何狀況都能毫髮無傷，或只受一點小傷的營業員，才會活得最久。

重點 9　已虧損的部位嚴禁留過夜

過夜是指把手中的部位，保留到隔天的交易日。

當沖客也會留某種程度的部位過夜。我待過的證券公司，也規定營業員持有的股票中，有一到兩成可留過夜。如果是持有 5 億日圓的部位，能保留的就會達到 5,000 萬日圓。

因此，散戶做當沖時，留過夜的持股也能以一到兩成當作基準。雖然這裡是說一到兩成，不過實際上還是控制在一成左右比較安全。

但有兩件事需要注意。

第一，新手持股不留過夜。因為你還不懂股市交易的模式，很難準確預測隔天的行情，必須經過某種程度的修練。而且在留過夜前，新手在盤中撮合時有很多應該做的事。所以先學會那些事情也不遲。

第二，已虧損的部位不留過夜。這點也適用在覺得「這種狀況留過夜應該無妨」的經驗老手。已虧損的部分只要果斷拋售就好，不會因為放了一晚，就**轉虧為盈**。

假設自己的停損額是 5 萬日圓。你在虧損的狀況下結束交易，直接把虧損留到隔天，如果開盤突然跳空開低，那麼已虧損的部分就會直接擴大。如果因為跳空開低損失了 3 萬日圓，當日

的停損額就會只剩下 2 萬日圓。結果，不僅會在心理層面上造成不良影響，交易手法也會受到限制。所以已虧損的部分，嚴禁留過夜。

我認為就算做時間軸較長的波段交易，也應該確實做好停損。波段交易的時間會在 5 個營業日左右，這段期間只要虧損在停損額的範圍內，就不需要認賠殺出。

但有些投資人會把當沖已經做不起來的個股，轉成做波段交易。這可說是一種最典型的見風轉舵交易法。用當沖進場的股票，直到最後一刻都必須用當沖的方式處理。如果因為出現虧損，就改成波段交易，之後的交易也很難順利進行。

重點10　不靠運氣、靠拜師偷學

　　技巧和運氣是一樣的，因為兩者都會隨自己的方便去解釋。有些人覺得運氣可以吸引，也有些人覺得只要努力活著，運氣就會上門。

　　我絕對不會否定這一點，但在短期營業員中，有許多人會非常主觀的解釋運氣。例如，虧損增加就求神拜佛，但如果獲利了，就深信是靠自己的實力。總之運氣這種東西，你不可能知道它會在哪裡、什麼時候來敲門。

　　因此，我認為想依靠運氣，則是大錯特錯。假設你運氣好，買到一檔很好的個股。但買進之後，若想巧妙運用它來交易，並逐漸累積利益，這必須靠經驗、而非運氣。

　　或是買到不好的個股後將它拋售，同時買了下一檔，結果是一檔非常好的個股。這種情況下，要停損不好的股票，也是靠技術、而非運氣；要找到下一檔標的，同樣也是靠技術。

　　但很多人會用運氣好來解釋，所以事情才會變得很奇怪。

　　營業員要提升技術，重點是看「緣分」而非「運氣」。如果能找到一個好前輩，你的交易技術自然會逐漸進步。要找到這種前輩，並建構踏實的人際關係，比任何事情都重要。

　　到頭來，營業員是一種單人作業，所以交易技巧也是自己吃

飯的工具。當然不會這麼簡單就把技術、經驗告訴別人。因為其他營業員如果照著做，該手法就賺不到錢了。

那麼，該怎麼讓對方願意教你？答案就是讓對方覺得「教你也無妨」。

為此，努力是必要的。從了解對方追求什麼開始，甚至從繪畫到興趣，都去配合他，再從中請對方指導你。

有時間去神社或廟裡求好運，不如去找一位你覺得很厲害的人，然後努力讓對方想要指導你，會比較好吧。這就是所謂的靠緣分、不靠運氣。

結語
好運氣來來去去，
提升技術才能隨時活用

　　交易是靠技術而非運氣，所以本書也提過好幾次，重複練習和實踐，才是提升技巧的重點。不論輸贏，只要反覆進行，就能提升經驗值。

　　但所謂的經驗值也有點麻煩，因為經驗越多，越會養成習慣。這種慣性真的很可怕。因為養成習慣後，遇到明明很危險的狀況，卻絲毫不恐懼，結果便會讓停損不確實，因而蒙受巨大的損失。

　　另一方面，我認為提升經驗值所帶來的正面效果，是增加交易手法，或是下單速度變快。這是因為持續累積經驗，提升了判斷下單的思考速度。就像這樣，不斷累積研究案例等於提升技術，但其中有正面、也有反面效果。

　　不過，提升技術就不需要靠運氣，沒人知道運氣何時會造訪，但技術隨時都能活用。請藉由本書解說的手法 —— 委託單投資法，反覆交易、累積經驗。

　　此外，正如第六章解說的，心理層面對投資人來說非常重要。我在營業員時代，每當我大賠一筆，經理都會過來問我：「你還能擺出戰鬥姿勢嗎？」

大賠一筆也會讓心理層面大受影響。如果到隔天還耿耿於懷，繼續交易可能會讓損失更擴大。公司讓營業員運用內部資金，理所當然必須控制損失；而營業員如果一直虧大錢，也會被開除。經理因為擔心這兩件事，才會跑來問我還能不能擺出戰鬥姿勢……在當時，這句話對我非常受用，能讓我重新審視眼前的狀況。

我改當散戶後，腦中也會浮現這句話。特別是賠錢的時候。交易失利、賠錢後，我會擬訂策略，例如明天是否能這樣進場布局，如果不能，就先不要下單或只買一半的部位等。

如果覺得還能進場，為了讓自己下定決心，我會回想過去的成績，激勵自己：「至今都很順利，這次也沒問題。」或是確實預習和複習，逐漸重拾自信。

你，還能擺出戰鬥姿勢嗎？

本書在製作時，獲得了各界人士的協助。

為我打開營業員這扇門的赤木社長、上田常務。指導我交易基礎的講師本多部長與小口。在技術或心理層面上一直支持我的前輩營業員鹽原、服部、三浦和二宮。

還有在壽險的債券基金經理時期，指導我的有村部長、鈴木課長，與我苦樂與共的末木代理和大司。在股市的基金經理人時期指導我入門技巧的內野企畫、岡田課長。還有藤本常務，雖然我總是惹他生氣，但也因此讓我有所成長。

我獨立創業後，最早使用我學校講座的日本金融證券公司（Nihon Financial Securities）的東浦室長、野呂次長。MONEX 證

券的佐藤執行董事、TradeStation 推進部的山田室長、今井、田中。Capital F 公司的兒島、初演證券（Premiere Securities）的三日市社長、日經廣播電臺（NIKKEI RADIO）的間宮副部長、坂卷總監、和島解說委員、內田播報員、叶內播報員，以及介紹我各種人脈的河野。因為有大家的協助，我才有辦法持續現在的事業。

另外，跟我一起傳授散戶正確知識和交易手法的 YEN 藏、MAKOTON、星野彩季、Pan Rolling 的長澤、金子，DUKE 等散戶們和曾在交易學校上過課的學生，還有協助製作本書的撰稿人鈴木、東洋經濟新報社的各位。我在此由衷表達感謝之意。

還有我的愛妻 YUKI。感謝妳忍受我的任性，保護和養育我們的孩子。少了妳的扶持，就不會有現在的事業和這本書。

也很感謝各位讀者閱讀到最後。

期望各位職業當沖客或平常有工作的兼職投資人，能夠利用委託單投資法，提高勝率、增加獲利。

Biz 269

委託單投資法，開盤 10 分鐘就賺錢

比線圖更早一步反映股價動向，每天都能賺一筆。
頂尖營業員破天荒傳授這種個股怎麼找。

作　　　者／坂本慎太郎
譯　　　者／林信帆
責任編輯／劉宗德
校對編輯／羅惠馨
美術編輯／張皓婷
副總編輯／顏惠君
總　編　輯／吳依瑋
發　行　人／徐仲秋
會　　　計／林妙燕
版權主任／林瑩瑄
版權經理／郝麗珍
資深行銷專員／汪家緯
業務助理／馬絮盈、王德渝
業務經理／林裕安
總　經　理／陳絜吾

國家圖書館出版品預行編目(CIP)資料

委託單投資法，開盤 10 分鐘就賺錢：比線圖更早一步
反映股價動向，每天都能賺一筆。頂尖營業員破天荒傳
授這種個股怎麼找。/ 坂本慎太郎著；林信帆譯. -- 初版.
-- 臺北市：大是文化，2018.09
208 面；17×23 公分. -- (Biz；269)
譯自：朝 9 時 10 分までにしっかり儲ける板読み投資術
ISBN 978-957-9164-52-8（平裝）

1. 投資理財　2. 投資學

563.53　　　　　　　　　　　　　　　　107010351

出 版 者／大是文化有限公司
　　　　　臺北市 100 衡陽路 7 號 8 樓
　　　　　編輯部電話：（02）23757911
　　　　　購書相關資訊請洽：（02）23757911 分機 122
　　　　　24 小時讀者服務傳真：（02）23756999
　　　　　讀者服務 E-mail：haom@ms28.hinet.net
郵政劃撥帳號／ 19983366　戶名／大是文化有限公司

香港發行／里人文化事業有限公司　"Anyone Cultural Enterprise Ltd"
地址：香港新界荃灣橫龍街 78 號正好工業大廈 22 樓 A 室
22/F Block A, Jing Ho Industrial Building, 78 Wang Lung Street, Tsuen Wan, N.T., H.K.
電話：（852）24192288　傳真：（852）24191887

封面設計／林雯瑛
內頁排版／陳相蓉
印　　刷／鴻霖印刷傳媒股份有限公司
出版日期／2018 年 9 月初版
定　　價／新臺幣 340 元
Ｉ Ｓ Ｂ Ｎ ／978-957-9164-52-8

Printed in Taiwan

ASA 9-JI 10-PUN MADENI SHIKKARI MOUKERU ITAYOMI TOSHIJUTSU
by Shintaro Sakamoto
Copyright © 2017 Shintaro Sakamoto
All rights reserved.
First published in Japan by TOYO KEIZAI INC., Tokyo.

This Traditional Chinese edition published by arrangement with TOYO KEIZAI INC., Tokyo
in care of Tuttle-Mori Agency, Inc., Tokyo through Keio Cultural Enterprise Co., Ltd.,
New Taipei City, Taiwan.
Traditional Chinese edition copyright © 2018 by Domain Publishing Company
有著作權，侵害必究

※ 本書內容乃基於作者自身經驗與調查結果寫成，僅供參考，不保證獲利，讀者應獨立判
　 斷、審慎投資、自負風險。